RIPPL-RÓNAI JÓZSEF
EMLÉKEZÉSEI

BUDAPEST, 1911. A NYUGAT KIADÁSA

EZ A MŰ A NYUGAT KIADÁSÁBAN,
A VILÁGOSSÁG KÖNYVNYOMDA
R.-T. GÉPEIN KÉSZÜLT, A RENDES
PÉLDÁNYOKON KIVÜL 200 SZÁMO-
ZOTT ÉS SZIGNÁLT AMATEURPÉL-
DÁNYBAN LÁTOTT NAPVILÁGOT.

SZÁM.

MIÉRT IROK?

Azért irok, mert *beleugrattak*. Néhány irómüvész ugratott bele. Meglátták egy müvészi dolgokról szóló tárcacikkemet s buzditottak, irjam össze emlékeimet. Akárhogy irom, mindegy, az irás módja lényegtelen, de mégis talán legjobb, ha ugy irok, ahogy beszélgetni szoktam. Jó, de aztán magukra vessenek. Hiszen nem is tudhatom, mi az, ami életem folyásában s annak müvészeti vonatkozásaiban a müvészettel amugy is kis számban foglalkozó embertársaimat érdekelheti. Sőt azt se tudom, van-e jogom emlékezéseket irni: nem vagyok se hadvezér, se vezetőpolitikus, se primadonna. És irni általában nem is szoktam, csak nagy ritkán kéredzkedik ki belőlem egy-egy ujságcikk: az is aggaszt tehát, megüti-e irásom az olvashatóság nivóját. Hisz' amint nincs értelme és létjogosultsága az olyan pikturának, amelyben jót vagy szépet senki sem talál: minek az olyan irás is, mely pemzlinyéllel irva, festőkről, müvészetről ujat, jellemzőt, ismertetőt nem ad? Pedig én bizony éppenséggel nem ellenőriztem, hogy ismeretlen-e még mindaz, amit itt összejegyeztem. Ugy irok le mindent, ahogy épp eszembe jut. Nem szivesen, hisz' jobb festeni, mint irni. Magam sem szerettem soha az iró-festőket, s Vasari is bizonynyal okosabban cselekedett volna annak idején, ha végképp leteszi ecsetjét s festés helyett még több irásos adatot halmoz össze a régi olasz müvészet jelentősebb képviselőiről: többet érnek az irásai, mint a képei. Nem állitom, hogy ecset és toll ugyanegy kézbe egyszerre nem fogható, de festő eddig csak olyankor szokott tollhoz nyulni, ha gyenge pikturáját kellett vele erősitgetnie. Helytelenül, mert gyenge müvészet nem érdemel irodalmi protekciót, aminthogy erős müvészet nem szorul irott reklámra. Festő irjon a pemzlijével!

Elmondhat azzal minden mondanivalót. Néhány kréta-vonással az élet legujjongóbb örömeit is lerajzolhatja kartonjára, néhány festékszinfolttal az élet legkeservesebb gyötrelmeit is felrakhatja vásznára, néhány szélesen kent konturral s akár csak lokális szinnel sikba rögzitheti és tetszése szerint stilizálhatja azt, ami lelkét bármely irányban érdekelte. Csak legyen meg munkájában az előadás módjának az a kvintesszenciája, amit művészetnek nevezünk. Ha mégis szót fogadok hát az ugratásnak, az bizonnyal nem magamért van, noha vezető fonálként a magam müvészi küzdései vonulnak végig ez iráson. Mert meg kell vallanom, hogy mint minden szellemi foglalkozásu embert, engem is izgat az a szándék, hogy müködésünk terén a közvélemény tisztázásához hozzájáruljunk. Ez az egyik ok. Okos ember még nem akadt, aki müvésztől és szép asszonytól tárgyilagosságot, vagy azt kivánta volna, hogy magáról ne beszéljen. Ez a másik oka, helyesebben magyarázata annak, hogy tollat fogtam. S ha lehetőleg minden elmélettől tartózkodom is az alábbiakban, aminthogy az elméleteket sohse becsültem nagyra, mégis hiszem, hogy a magam müvészi pályafutásáról szólva, hozzájárulhatok mások müvészi mivoltáról alkotott vagy alakulóban levő vélemények megállapitásához s általán ujabb művészeti kérdések tisztázásához, a köz javára, *de legalább azok számára, kik a modern festészet ujabb alakulásai iránt érdeklődnek.* Müvészek életviszonyainak ismeretéből sokszor helyes következtetések vonhatók a müvészet lényegére.

Képzömüvészekről, főképp festökről és legfőképp franciákról lesz itt szó aszerint, amint a magam élete során előmutatkoznak. És a sorok között nyilván alkalom kinálkozik majd egyszer-másszor egy kissé elkalandozni más tájakra is.

Ne tessék félni, nem mondok el mindent, amire emlékszem. Nem tekintem lezártnak pályámat s csak tartózkodva irhatok magamról. És ments isten önéletrajzot irni. Müvészpályám kezdeteinek indulópontjairól sem szólok, mert azok nagyon hasonlók sok más szellemi foglalkozásu ember pályájának elejéhez, akik nem találták meg mindjárt azt a talajt, melybe gyümölcsözőleg vethetik el tehetségök magvait. Talán elég, ha rámutatok arra, hogy tanitó volt az édesapám, olyan tanitó, aki igen sokszor hangoztatta, hogy ha tizszer születnék is a világra, mindig tanitó kivánna lenni. A foglalkozás szeretetének átöröklés utján való inkarnációját látom magamban, mert én is festő lennék mind a tizszer, ha tizszer születném a világra.

A kezdő évek tapogatódzó viszontagságai helyett elbeszélem tehát inkább párisi életem folyását, illetőleg annak egyik-másik érdekesnek látszó eseményét, művészekkel, müvészeti viszonyokkal való vonatkozásait, attól az időtől számitva, amikor négy évi müncheni tanulmányaim után, ezelőtt huszonhárom évvel, a Herterich-iskolából a képzőmüvészetek továbbfejlesztésének akkori centrumába, Párisba kerültem.

Ha irántam senki sem érdeklődnék is, e sorok olvasói találnak itt néhány immár világhirü müvészről, egy *Munkácsy*-ról, *Puvis de Chavannes*-ról, *Cézanne*-ról, vagy velem egyidejü kutatókról, *Gauguin*-ról, *Maillol*-ról és más gyakran emlegetett nevü emberekről dolgokat, amelyek érdekessége vagy ismeretlen voltukban, vagy abban van, hogy jellemzők a két évtized előtti vagy ujabb müvészeti viszonyok alakulására és hozzájárulnak azok megértéséhez.

A NAGY PÁRTFOGÓ.

MUNKÁCSY JÓSÁGA ÉS PAÁL LÁSZLÓ SZEGÉNY-
SÉGE. ELSŐ KÉTSÉGEK ÉS TITKON CSINÁLT KÉPEK.
A MESTER TÁRSASÁGA, KÉPEI, ITÉLETEI.

Munkácsy Mihállyal elsősorban kell foglalkoznom. Ő
volt az, aki számomra, kezdő müvész számára, az érvé-
nyesülés utját legelőször igyekezett egyengetni. Lebeszélt
a párisi művész-iskolák látogatásáról és felajánlotta a maga
műtermét, mert bemutatott dolgaim nagyon tetszettek neki.
A nála csinált képeim Amerikába kerültek, legtöbbjük
Kleinberger műkereskedő utján. Talán nem vehető a mások
érdeklődését kizáró intimitás számba, ha árukat is jelzem.
A képek ára gyakran jellemzi a művészi közéletet. A név-
telen kezdő művei a nagyhirü mester ajánlatára, vagy a
jószemü, tehetséget látó kereskedő jóvoltából és számitásá-
ból csaknem ugyanazokon az árakon keltek el és vándo-
roltak képszerető emberek vagy gyüjtők tulajdonába, mint
a két évtizedes kitartó küzdelem után nagyobb sikerrel az
elismertetés révébe ért müvész dolgai. Ötszáz, vagy ezer
frankot látszólag szivesen fizettek akkor is egy-egy képem-
ért az emberek. (Hogy ellenmondásba ne keveredjem,
gyakran igen keservessé vált anyagi helyzetemnek később
bizonynyal többször is tollam alá kerülő ismertetésével,
meg kell jegyeznem, hogy ezek az ezerfrankos vételek igen
ritkán mutatkoztak s hogy legtöbbször nem tudtam tuladni
képeimen.) Két dolgomat hamarosan *Sedelmeyer* vette meg:
egy szalónjelenetet Munkácsy-stilusban s egy fejet, már a
magam modorában. Tudnivaló pedig, hogy a Sedelmeyer
vásárló kedve a müvészre nézve nem jelentéktelen sikert
jelent. „Bézigue" cimü szalon-képemet maga Munkácsy
adta el háromezer frankért. Éppen akkor nagy nyomorban
voltam s képzelhető, mily nagy örömet okozott vele. De

9

ebben az eladási dologban az volt a legszebb momentum, hogy maga Munkácsy örült neki legjobban : oly boldoggá tette sikerem, hogy megölelt, megcsókolt és könnyezett örömében. Nem állhatom meg, hogy el ne mondjam ennek történetét egy kissé bővebben. A mester égisze alatt a második évemet töltöttem már akkor, szivességéből még mindig az ő nagy műtermében dolgozva. Asztalához ugyan csaknem naponta meginvitált, de egyébiránt — szüleimtől semmi anyagi támogatást nem várhatva s az előbb gyakrabban élvezett állami ösztöndijak és segélyek beigért utolsójáról — Trefort Ágoston és Szalay Imre idejében — egy képem eladása után magam mondván le — időnként a legvigasztalanabb pénztelenségben leledzettem. Éppen mint akkor is. Pedig lakbérrel tartoztam, hónapos szobám több havi bérével, amiért lakásadóm árveréssel fenyegetett. S árverés : ez a fogalom valami kimondhatatlan depressziót gyakorolt rám. Pedig lakásomban nem volt husz frank értékü holmi sem : egy rozoga, zsibvásáron szerzett ágy, melyben össze-vissza kötözött madzagok tartották a szalmazsákot ; egy egyik lábára sánta szék, melyet egyetlen frank árán váltottam egy a házban lakó szenesembertől birtokomba ; egy ferslóg, mely asztal gyanánt szolgált ; egy másik ferslóg, melyben — nem hiába tulajdonitják Napoleonnak az ellentétek találkozása törvényének felfedezését! — representativ célokra szolgáló frakkomat és a fényes Munkácsy-estélyekre és más előkelő helyekre járó egyéb ruháimat tartottam ; végül egy festőállvány, melylyel Wrede herceg, Munkácsyék mindennapos házibarátja ajándékozott meg s melyen, nem tudom biztosan, talán maga Munkácsy festegetett azelőtt. Az árverés alól ugyan szerencsésen kibujtam, mert egy a mester *Liszt*-képmása után készült és általa is aláirt ismert rézkarcommal, melylyel először szerepeltem a párisi Szalónban, sikerült lakásadómat lékenyereznem, de pénz, azt gondoltam, talán nincs is a világon. Panaszkodtam a mesternek : pénzre volna szükségem. Nevetett : „De hát kinek nincs arra szüksége, ifju barátom! De 'iszen itt ez a kép, el lehet adni,

magam is adok rá hatszáz frankot kölcsön." Az imént említett állványon álló s természetesen az ő modorában festett nagyobb szalón-képemre mutatott, melylyel különben sikertelenül pályáztam épp a Munkácsy-dijra, mert azt Halmi Artur kapta meg. És adott egy cheque-et a bankjához. Munkácsyné állitotta ki — aminthogy a mester összes pénzügyeit és gazdaságának, egész polgári életének adminisztrálását is felesége igazgatta —, Munkácsy pedig aláirta. De, óh balsors! — hiába adtam utolsó kispénzemet lóvasutra, hogy a távoleső pénzintézetet mielőbb elérjem: a hatszáz frankot nem kaptam meg. Erre nem adunk, mondták, mikor az utalványt felmutattam. Képzelhető lehangoltságom, mely annál nagyobb volt, mert nem is értettem, miért nem fizetnek arra a cheque-re. Csüggedten, másfél órát gyalog kutyagolva, mentem haza, szomoru szobámba. Mi a csuda lehet ez? Munkácsynak magának sincs pénze? Lehetetlennek látszott, hiszen épp akkortájt volt a legkeresettebb, szinte istenitett művész s nagyon jól tudtam, hogy negyvenezer frankot is fizettek egyik-másik, gazdag emberek megrendelésére festett portraitjáért, vagy szalón-képeiért. Megtréfált? Ezt se hittem: nem is volt szokása s engem, éreztem, jobban is szeretett, semhogy ilyesmivel traktált volna. Deprimált hangulatomat másnap, hogy a műterembe mentem — egyik nagy képét festve és magas állványának lépcsőjéről, szemüvege alól ferdén tekintve alá reám — beléptemkor nyomban észrevette. „Ejnye, de rossz kedve van magának" — mondta —, „pedig jó hirrel várom ám, eladtam a képét, mit gondol, mennyiért?" Hirtelen támadt örömömben aztán találgatnom kellett a saját festményem árát, melyet Munkácsy szabott meg. Bizony nem mertem a háromezerig licitálni. Megmondta végre, de megmondta mindjárt azt is, hogy hanem azután a banktól felvett hatszáz frankot mindjárt le is fogja tőlem. Most derült ki végre, a cheque-et jobban szemügyre véve, hogy hiszen tegnap nem harmincadika volt, hanem csak huszonkilencedike: a helytelen dátumos utalványt persze hogy nem váltotta be a bank. Most érthette meg hangulatom hirtelen változását s a pillanatnyi érzések hatása alatt keletkezhetett az előbb jelzett érzékeny jelenet. Hát azután tudom-e, hogy fiatalembernek az a szokása, hogy ha pénze van nem dolgozik? Munkácsy — az az ember, aki a saját óriási pénzforgalmu háztartási viszonyaival sohasem látszott törődni — erre is gondolt és csakugyan: ötszázfrankos részletekben adta át képem árát s igy félesztendőre biztositotta „gondtalan megélhetésemet". (Itt közbeszurom, hogy *Padl* Lászlón is segitett a mester; mint ő maga mondta nekem, nem pénzzel, mert az sokszor kellett Paálnak, hanem — vázlatos képpel. Paál ezeket eladta. Egy ilyen festményt láttam egy dinári képgyüjtőnél. Az Ujoncozás tanulmányát.)

Még a *Bernheim ezüstkanalait* is kiválthattam akkor a — zálogházból!

Ezt is el kell mondanom. Nem vonatkozik ugyan Munkácsyra, de ebbe az időbe esik s itt jutott eszembe. Jellemzi a müvésznyomor képtelenségeit: a kacagó és kacagtató könnyezést, az önkéntes és önkéntelen sirvavigadást.

Az öreg Bernheim műkereskedő, *Valloton* apósa, egy sanyaruan pénztelen alkalommal egyik kompoziciómat (mert akkor még én is „komponáltam") pénz helyett, amit állitólag nem adhatott, egyéb vegyes, iparilag feldolgozott nemes fémekért váltotta tulajdonába. Zafirköves aranygyürüt, fülön-függőt, szintén ékköveset, nem különben kéttucatnyi ezüst evöeszközt ajánlott fel az olajvázlatért. Helyes: az érték megfelelő, az alku áll, a csere megtörténik. De mitévök legyünk most, éppen most ezzel az értékkel? Hát hiszen az ékszert viselhette volna *Lazarine*, de mire használjuk az evöszerszámot, ha egyszer *nincs mit ennünk?* Szidtuk azt a bolondot, aki az öskori csererendszer helyett a közhasználatunak csufolt csereeszközt, a pénzt, kitalálta és áldottuk emlékét annak az ezerszer megátkozott pénzügyi zsiványnak, aki egy közvetitő-módot eszelt ki az első zálogház létesitésekor. Mert áldás ilyenkor a zálogház: ezüstkanalat tesz belé az ember és kenyeret huz ki belöle. Kenyeret és festökellékeket.

14

„Égető szükség" volt mindegyikre!

Ebben az időben Munkácsy befolyása alatt álltam — stipendium nélkül. Pedig a fiatal festők közt szinte „hires" Munkácsy-tanitvány voltam. Sőt talán ez alapitotta meg későbbre is jó hiremet. Mert ennek alapján hittek tehetségemben. Pedig mondhatom, oly tehetségtelennek nem éreztem magamat, sem azelőtt, sem azután, mint éppen akkor. Szinte azt mondhatnám, hogy semmit sem tudtam. Önállóságról, izlésről pedig egyáltalán szó sem lehetett. Már-már megbicsaklott hitem, hogy festő lesz belőlem. A francia festők közül akkor még csak olyanokat ismertem, akiket később minél inkább elfelejteni igyekeztem. Gilbert, M. Capy, Duvergé s más oly festőket, akik mindig a nagy Szalon számára festettek és medáliákat hajszoltak s akik bizonyos mediokris fokon kivétel nélkül mind megrekedtek. A Rue Aumont-Thieville-i mütermemből kerültek ki legrettenetesebb, legmüvészietlenebb festményeim. De hát nem tehettem róla, fejemet nem tudtam használni, Munkácsyéval dolgoztam. Régibb rajztudásomat is, melyet Münchenben dicsértek, majdnem elfelejtettem. Csak a hirem volt jó, mondom, mint Munkácsy-tanitványé s ez még a mükereskedőket is megtévesztette. Jó árakat fizettek — időnként s igaz, ritkán — egyes képeimért s még máig is röstelem, hogy annyit mertem kérni értök. Később, mikor már tudatában voltam annak, hogy e képek rosszak voltak, csak abban találtam a pénzreváltásuk igazolását, hogy sokban megfeleltek az akkori cudar közizlésnek, melyet az amerikai gazdag hentesek hoztak Európába s amelytől még ma is sirnunk kellene. Még a Munkácsy-féle hatezer frankos dijért is ezekkel a rossznál-rosszabb képekkel pályáztam. Nem kaptam meg, pedig nem mondhatnám, hogy a mester tulságosan szerencsés volt a dijak odaitélésében, amit különben Chaplin-nel, az akkor hires festővel szokott elintézni. Nem igen beszélt erről, nem volt büszke a nyertesekre s ezt végül meg is vallotta. De hála az égnek, most azt kell hinnem, hogy igy volt ez jól. Ez is hozzájárult ahhoz, hogy tovább töprengtem, törekedtem, megváltoztam: ujra

tudtam a magam szemével látni, rajzolni, a magam fejével
gondolkodni s végre a magam módja szerint festeni is.
De ne siessünk olyan nagyon! Talán itt volna helyén, hogy Munkácsynak, ennek a
történelmi jelentőségü nagy művésznek emberi mivoltáról
egy csomó jellemző dolgot elmondjak. De akkor mélyebben
kellene belenyulnom még élő embereknek vele való vonat-
kozásaiba. Mivel azonban már elkezdtem az anekdotázást,
feljegyzek mégis néhány adatot Munkácsy *jószivüségéről*.
Irántam való jóindulata és segitő szándéka már bemutat-
kozásom napján megnyilatkozott. Hangsulyozom, mégegy-
szer, hogy művésznek is legkeresettebb és leghiresebb s a
társadalmi életben is rengeteg nagy ur volt akkor Mun-
kácsy. Akárhány jónevü művésznek is visszaküldte név-
jegyét, ha meg akarták látogatni. Én is, a névtelen, pénz-
telen fiatalember, néhány, akkor Párisban élő ifju festő,
köztük *Kárpáthy* Rezső biztatására, valóban csak a „próba
szerencse" érzésével, aggodalmak közt, hogy ne mondjam,
dobogó szivvel mentem hozzá. Vajjon bejuthatok-e egyál-
talán? Egy csomó rajzomat, többnyire a müncheni iskolá-
ban szénnel kirészletezett aktokat, vittem mindjárt magam-
mal: hátha nemcsak fogad, hátha munkáimat is megmutat-
hatom neki. Miért, miért nem, — „a világ csak hangu-
lat", — bejuthattam, fogadott, rajzaimat is megmutathattam.
A bécsi nagy mennyezet-képének vázlata előtt ült éppen.
Honnan jövök, mi járatban vagyok? Üljek le „itt erre a
másik székre és nézegessük itt ezt a nagy képet." És
Münchent emlitvén, mondjam, mi ujság ott, mit csinál a
két Sándor, a *Liezenmayer* meg a *Wagner?* Az előbbinek
az üdvözletét áladhattam a mesternek, de Wagnerről bizony
nem tudtam mit mondjak neki. No, nem baj, — hát azután
mit csináltam Münchenben? Majd hozzak el egyet-mást a
munkáimból. Hoztam, kérem, máris, kinn vannak a kocsi-
mon. Hát csak hadd lássuk. Kiteregette az összecsavart
rajzlapokat, egyenként, hosszasan nézegette őket. Közben
megzavart bennünket egy látogató, kinek névjegyét látva,
a mester kisietett, bevezette a vendégét, magyarázgatta

16

neki a plafond-kép vázlatát. Engem is bemutatott neki, csak ugy nevem nélkül: egy magyar fiu, aki itt akar Párisban tovább fösteni. „Tudja-e, ki vót ez?" — kérdezte, mikor az az ur eltávozott. Nem én. „Hát ez *testvére a mi királyunknak.*" S mig én azon a furcsaságon tünődtem, hogy főhercegek fogadására még egy Munkácsynak is bizonyos izgatottsággal kell sietnie, a mester ismét a rajzaimmal foglalkozott. Talán — aktjaimat nézve s a plafond-képre aktokat tervezve — arra gondolt, hogy a részletekben segitségére lehetnék. Két nagyhirü francia festőt, Benjamin *Constant*-t és *Bonnat*-t emlitettem most előtte, mint akikre továbbképzésem iránt gondoltam. Az egyiket nem ajánlotta, a másiknak meg — Munkácsy mondta — nincs is iskolája. Megértettem s mikor a műterembérlés került szóba, azzal a kérdéssel lepett meg, hogy „hát ez" — az ő 11 méteres, pompás atelier-je, melyben a nagy Krisztus-ciklust is festette — „nem elég-e kettőnknek? Majd csak megférünk benne" — mondta — „valahogy, hanem most már — gyerünk enni!" És mentünk enni, ma is, holnap is, naponta, — sokáig. A második napon ugyan meglepődtem azon, hogy az ebédre-invitálás állandósitását a legtermészetesebb dolognak tartja, de, istenem, az ilyesmibe egy szegény fiu, a dusgazdag házánál végre is belészokhatik. És — „hát aztán különben is ki mondja meg, hogy mi a könnyebb: adni-e vagy elfogadni."

Adott mást is, nem restelem elmondani. Később, mikor béreltem magamnak műtermet, — ő hagyta meg, hogy az övéhez lehetőleg közelfekvőt béreljek, — adott belé festőállványt, asztalkát is hozzá s egy kis aquarelles festékdobozt, melyet azóta is mindig használok — olajfestékeknek. Ebből a dobozból festette a tudtommal egyetlen aquarell-képét, azt a colpachi parkrészletet, melyet a Szépművészeti Muzeum rajzgyüjteményében őriznek. Kis értékü dolgok voltak, de nekem becsesek. És nemcsak nekem, egyik-másik más tanitványának is megengedte, hogy műterme felszereléséből egy-egy butordarabot vagy drapériát — egy-egy szalón-képre vagy interieur-re való ráfestés végett — használatra elvigyük. Ezeket persze vissza kellett szállitanunk. De még arra is volt gondja, hogy az igy kölcsönzött holmiját rendesen a maga emberével, portásáva vagy inasával küldje. Szivessége alig ismert határt. Csak igy érthető, hogy később is, legnagyobb elfoglaltsága idején is, valahányszor hivtam, mindannyiszor eljött valamely készülő festményemet megtekinteni, korrigálni vagy róla véleményt mondani.

Az a *sánta szék* itt ujból eszembe jut. Magam igazitottam meg valami toldással a rövidebb lábát, de azért sohsem biztam benne. Ha aztán Munkácsy eljött koldusmódra berendezett műtermembe és hatalmas alakjával ránehezedett a székre, hogy az állványon levő képet megnézze, én mindig aggódva álltam mögéje és titokban azt lestem, nem roggyan-e össze a szék, nem kell-e a mestert vállon ragadnom, hogy ne zuhanjon a padlóra.

Megkérdeztem egyszer „berendezésemre" célozva:

— Mit szól, mester, ehhez a szegénységhez?

Tünődött egy ideig s mint gyakran szokta, felelet helyett szintén „tudakozódott"!

— Ugy-e azt nem meri kérdezni, hogy melyikünk a boldogabb?

Nyilván az ifjuságot kivánta vissza és érezte is betegségét, hiszen már évekkel előbb is járt Lamalou-ban.

Egy ilyen alkalommal irta alá kérésemre a „Zálogház" és „Ujoncozás" cimü nagyhirü festményeihez készült szénrajzait, melyeket előzőleg emlékül adott.

Az egyik képre gondolva, feljegyzem itt egy, az ő csendes humorát igen jellemző megjegyzését. A „Zálogház" egyik női alakjára nézve megkérdeztem: miért nem festett helyette egy szép női alakot, az jobban magára vonná a figyelmet. Életismeretéből vette válaszát!

— Azt hiszi — kérdezte — zálogházba járna ez, ha szép volna?

Talán igaza volt. De abban már nem volt igaza, hogy ezeket a rajzokat, mint egyáltalán a rajzait, Munkácsy maga nem becsülte. Amolyan „előtanulmányoknak" tekintette őket, melyeket eldob az ember, ha kész a festmény. A műterme erkélyéről nyiló padláson, félrerakott, használatlan holmik közt, szakadt állapotban találtam egyszer ezt a két kartont, mikor a magam első műtermébe költözködve engedelmével és biztatására ott a már emlitett festőállványt kerestem a magam számára. Figyelmeztettem, hogy ezek a rajzok ott tönkremennek. „Hát vigye el őket — mondta — ha akarja, nekem ugyan nem kellenek." És beszélt arról, mi a rajz, mire való az. Az emlékezet támogatója. Mérnökmunka! tervezés. Reggeli! „De hol van még az ebéd meg a vacsora; sőt még arra is áhitozik az ember, ami a vacsora után következik." Én hát örömmel vittem el a két rajzot „műtermem diszitésére". Már akkor meggyőződésem volt, hogy Munkácsynak jobbak a rajzai, mint a festményei. Ha rosszat látunk nála, az a „rajzvázlatban" csaknem mindig jó. Sajnos, a két karton később — szorult helyzetemből — a magyar állam birtokába vándorolt s most a Szépművészeti Muzeum legmagasabban fekvő folyosóján az elszomoritóan rossz Munkácsy-festmények, a nagyon ifju- és nagyon öreg-kori dolgai közt ad némi enyhületet a temetői hangulatba eső szemlélőnek.

Szegénység a művész protektora!

Colpachon is voltam azután Munkácsy vendége. Itt is dolgoztam neki: egy kisebb képét festettem, másoltam nagyobb képe után, amelynek ismétlésével őt olyan valaki bizta meg, aki boldog volt, ha a művészi pályájának épp akkortájt zenitjén levő mestertől egy másolatot is megszerezhetett. Több ilyen kisebb másolat közül egy nagyobbat azután szép honoráriummal jutalmazott. Igy járult hozzá becsültebb tanitványainak nemcsak erkölcsi, hanem anyagi támogatásához.. Kivülem akkorában *Koroknyai* Ottót és néhai saját rajztanárának fiát, tanitványát, a nemrég öngyilkossá lett *Szamossy* Lászlót (aki pedig többet muzsikált, mint festett) ilyenformán támogatta csak ugy, mint előzőleg *Karlovszky* Bertalant, kit igen tehetséges tanitványának tartott, aki azonban ekkor már a maga szárnyára kelt. Voltak e képek közt olyanok, melyekkel a mester, ugylátszik, meg volt elégedve, mert csak néhány ecsetvonást huzott itt-ott beléjök, vagy éppen csak a nevét irta alájok. Duzzadó örömmel látja ezt a fiatal művész, mert a szerzői jog iránt való érzék, vagy, ha ugy tetszik, a dicsőség vágya nem motoszkál ebben a korban annyira a lelkében, hogy az a mester aláirásában rejlő elismerés és dicséret nyomán járó örömet ellensulyozná.

De ez csak addig tart, mig az ember jobban a *maga lábára* áll.

Gondolom, 1889-ben, felkeresett egyszer Munkácsy az Aumont-Thieville-utcai műtermemben. „Nő, fehérpettyes ruhában" cimü képemet festettem éppen. A kép minden egyéb része — a fej, illetőleg az arc kivételével — készen volt. Mai napság is legtöbbször ezt a metódust követem : igy, ha a többi rész majdnem teljesen kész és kedvemre való, sokkal több igyekezettel festem meg a fejet is. Munkácsynak ez az eljárás nagyon feltünt és visszatetsző volt. Rosszalta. Ő is azok közül való, akik a képen lényeget és mellékes dolgokat szoktak megkülönböztetni. Én bennem azonban már akkor érlelődött meg az egyenlő módon való festés hite ; a kép minden részét egyformán fontosnak tartottam, nem adtam elsőbbségi jogot egyes részeknek. És oda alakult ki meggyőződésem, hogy az *ezzel ellenkező felfogás helytelen.* A kép minden része egyformán lényeges, fontos, azért minden részét egyformán kell festeni : egységes fakturával. Képeim legnagyobb részének dekorativ hatása nyilván innen származik. És itt találkoztam össze a régibb idők freskófestőivel.

Munkácsy tulajdonképpen azért látogatott meg ekkor, hogy utazó szándékát közölje és meghivjon Colpachra, a birtokárá, ahol, mint mondta, a nyáron igen sok dolga lesz. Szeretné, ha elmennék én is és redukált alakban lemásolnám „A két család" cimü festményét. A másolatért hétszáz frankot ajánlott fel azzal, hogy a munka teljesitése után kényem-kedve szerint festhetek magamnak, ameddig és amennyit tetszik. Örömmel vállaltam a megbizást. Az utazás élményeiből két motivum maradt meg élénken az emlékezetemben. Az, hogy szegény embernek kiválóan jól esik életében először utazni első osztályu vasuti kupéban és az, hogy milyen jóizlésü emberek a belga vasutasok, akik gyönyörü vörös posztóval vonják be a kocsi butorzatát. A piros kis kanapék nekem végtelenül tetszettek. De tetszett maga a mester is egész megjelenésében, amint ott a piros kanapén kényelmesen elhelyezkedett. Felhuzta elmaradhatatlan lakk félcipőjét (escarpinját), a csattos, máslis báli cipőt, amely felett a szintén elmaradhatatlan apró fehér pettyekkel ellátott sötét szinü harisnyája látszott ki. Ruhája is a megszokott: a kék, hosszuhátu kabát a nélkülözhetetlen magas fehér mellénynyel, a kockás, világos nadrág és a megint csak fehérpettyes kék csokornyakkendő, mert a pettyeket nagyon szerette Munkácsy mester. Ehez tessék hozzáképzelni az ő torzonborz, hófehér nagy fejét, magas, értelmes homlokával, fürge kis eldugott szemeivel, majdnem vörös arcszinével. De a szinek el is maradhatnak: itt, ahogy irok, a papirosom margójára felskiccelem, ahelyett, hogy még egy mondatot leirnik s ime néhány konfuzus tollvonás is elég jól emlékeztet erre a kiválóan jellegzetes fejre. Fent kócszerü összevisszaság: a haj; lejebb két fekvő s erősen görbülő „S" betü: a szemeket eltakaró szemöldök vonalai; aztán három vizszintesen egymás mellé sorakozó kör: az orr; alatta jobbra-balra egyenest elnyuló, kuszált nyirfaseprők: a bajusz; végül ismét kóc, kétfelé borzolva: a szakáll. Szavakkal leirva csufság, piktortémának gyönyörüség. (Váltig sajnálom, hogy sohse kinálkozott alkalmam a megfestésére, csak egy szines rajzocskám tévelyeg róla valahol a nagyvilágban, talán most is De Suze urnál, Munkácsy barátjánál.) Az uton nagyon kedvesen elbeszélgetett.

Arlonba, majd onnan kocsin Colpachba érkezve, már ott találtuk azokat, akik ebben az időben ott szoktak lenni. *Sedelmeyerék, Blumenthal* amerikai milliomos a feleségével, akit kevéssel azelőtt Munkácsy lefestett nagy ülő alakban. És ott volt *Korbay,* amerikai magyar muzsikus barátjuk, szintén feleségestül, továbbá egy szimpatikus, szerény *gáz-*

hivatalnok barátunk (akinek a neve már kiesett emlékeze-
temből) és — hogy ki ne felejtsem — *Latinovics,* a volt
gárdakapitány és még mindig nagy nőtisztelő. Az ő jel-
legzetes profiljának is itt a skicce: a nagy orr erősen haj-
lott, szinte tört gerince rajt' a fő, de a hátrahajló magas
homlok s a szem vonala, meg a széles, szétfésült pofa-
szakáll is — leirva szintén inkább csunyaság — különös,
érdekes karaktert adtak a fejnek s a gazdájuk energikus
fellépésével egyetemben érthetővé tették, hogy ez az ur
grandseigneuri allürjeivel nélküzhetetlennek látszott a mes-
ter házánál.

A régi kastély szép, lilaszirmu virággal befutott veran-
dája előtt lépcsők. Itt szálltunk ki a kocsiból és szoritot-
tunk kezet a régi ismerősökkel. Munkácsy nyomban a
műtermébe szaladt és rajzolgatott egyik megkezdett képén,
a XV. Lajos korabeli alakokat mutató azon festményei-
nek egyikén, melyek közül most három — egyik „Kevés
kell a boldogsághoz", kettő „Hölgy levelet olvas" cim
alatt — a Szépművészeti Muzeum imént emlitett szomoru
helyiségében látható. Ezek is oly képei a mesternek, amelyek
az első stádiumon, amikor csak jóformán fejből, modell
nélkül, a kész rajzba minden részletezés nélkül voltak a
a szinek belefestve — nagyon szépek voltak. Most is ugy
szeretném látni azokat, ahogy akkor — befejezetlenül.

Én is hamar megkaptam munkámat: már a festőállványon
állt a másolandó kép. Hamarosan, pár nap alatt, készen
voltam vele: gyorsan megértettem a mester festőmodorát s
igy könnyen ment a munka. Nem is hitt a fülének, mikor
jelentettem, hogy kész a másolat. Hogyan? Már is? Hisz
az lehetetlen, nem lesz jó! Nyilván különösnek találta,
hogy amivel neki annyi baja volt, azt én, másoló létemre
oly könnyen érem el. Pedig ennek a különben egyszerü,
jelentéktelen művészi esetnek roppant egyszerü és jelen-
téktelen a magyarázata is. Néki a saját technikája önmaga
felé járó keresés, tapogatódzás, önmegnyilvánulás volt.
Nekem pedig csak a felületek ügyes ellesése és utánzása.
Nem kellett sokáig bizonyitgatnom, mert amikor a máso-

latot megtekintette, azt mondta, hogy most hát fessek, ami nekem tetszik és érezzem magamat náluk *otthon*. De azért nemcsak becsületes művész, hanem becsületes ember is lévén a mester, nem állhatta meg, hogy a kész munkába is bele ne fessen, mint ezt régi mesterek is szokták s hogy igy mintegy igazolja aláirását a megrendelővel szemben.

Legelső dolgom volt az egyik kis rokonlányát, egy tizennégyéves szép szöke leánykát, pastellel lefesteni. Halvány rózsaszinü, finom arcélü, aranysárga haju hajadonka volt ez, hosszu hattyunyakkal, egy kissé dekoltáltan, fekete bluzban. Ezt a képet, mivel a jelenvolt ismerősök között köztetszést aratott, Blumenthal öt más ott készült festményemmel együtt megvette ugy, hogy szép kis „mellékkeresethez" jutottam, amire sem a mester, sem magam nem számitottunk. A jövedelem „nagysága" tréfára adott alkalmat. Egyik este, amint billiárdozás közben összeszámitottuk vagyonomat, Munkácsy azzal a kérdéssel lepett meg, hogy nem elégedném-e meg hatszáz frankkal a másolatért. Aranykeretü okuláriumát is szemére tette s ugy vizsgálta a leeresztett szemöldök alól kikandikáló apró szemeivel arcomon a „meghökkenés" kifejezését. Aztán mosolygott a bajusza alatt s nemcsak a hétszáz frankot fizette meg, hanem ráadásul még Bruxellesbe és Ostendébe is el akart vinni, — apró dolgon mult, hogy nem mehettem vele.

Kitünö *konyhájuk* volt Munkácsyéknak. Nagyszerüen tálalták fel például a kerti patakban fogott pisztrángot. A *rákot* meg talán sehol másutt nem főzték még jobban, mint az ö konyhájukon. Borsos fehérboros-lében adták az asztalra : ugy tetszett, nincs ennél jobb izü nyalánkság, sehol, se rák-, se másfajta. És gyakran tálalták, szinte minden nap : Luxembourg vidékén ez nagyon divatos dolog. Az ember végre is ugy beletanult a rákevés művészetébe, ugy megügyesedett ebben a vigyázatosságot feltételező mesterségben, hogy azután az asztalszomszédok tányérán is el kellett végezni a ráktisztogatást. Hogyne? Az ilyen kényes asszonyokét! Blumenthálnénak például, aki az asztalnál is viselte keztyüjét, láthatólag jól esett ez a kis figyelmesség. És bizony nincs kizárva, hogy ez is latra került a képvásárlásnál. Korbayné is nem egyszer „fizetett vissza" efféle figyelemért szép zongorajátékával. A ház asszonya, Munkácsyné, csak ugy, mint jó — kis, öreg — atyja, anyja s a két kis rokonleány is, maga az elképzelhető nyájasság és szeretetreméltóság voltak irányomban. Latinovics Leó ekkor már nagyon megrokkant, sokat betegeskedett s szinte félelmetes kezdett lenni, oly rabiátus volt néhanapján. Nem sokára el is vette az isten eszét is, életét is. *(Koroknyai* Ottó megfestette a képmását.)

De ha még itt ülünk az asztalnál, bontás előtt talán egy kis *pletykálkodás* is megfér e sorok között. A ház egyik barátjától tudom, aki elmesélte *Papier* kisasszonynyal való megismerkedését *Marsch* bárónak, a colpachi uraságnak. És akinek tudomása volt a fiatal özvegynek második férjével, Munkácsyval való egybekelése okáról és kiindulása módjáról. Lehet, csak tréfa, nem kutattam. A dolog másik fele bennünket itt jobban érdekel, akár igaz, hogy minden tréfának fele való, akár nem igaz. Nos, a már jóhirü Munkácsy többször eljárt nyaranta Colpachba Marsch báróhoz, — tanuskodnak erről a báró dohányzószobájának falára festett képei. (A fiatal mester hálából festette azokat, még pedig a *jó időszakban* festette.) A báróné akkorában többször biztatta a párisi ismerős asszonyok közt mindközönségesen Miskának titulált mestert, hogy térjen meg egyszer már a házi istenek oltárához. Miska — mondogatta — magának meg kell már nősülnie ; sora jól megy, hire gyarapszik, miért nem vesz asszonyt a házhoz? És Miska, akinek különben talán agglegénysorban kellett volna viselnie később azt a szép hófehér hajat, egyszer udvariasan állitólag, olyasmit mondott a biztatásokra, hogy majd ha olyan asszonyt kap, mint a báróné, akkor megházasodik, addig azonban megmarad legénynek. „Repül a szó, gyorsan hangzó", de vannak, akik emlékeznek rá. Vagy egy szerető szivben, vagy kettőben is, vagy egyikben se, hanem csak az emlékezetben nyoma marad az ilyen kijelenté-

24

seknek. Talán csak érdekközösségek az emlékezet támogatói : mi közünk nekünk ahhoz ? Bizonyos csak az, hogy egy napon a báró elköltözködvén erről a világról a másikra : Miska megtalálta az „éppen olyan" asszonyt s az özvegy báróné hamarosan egy hires magyar festő felesége lett. És mi tagadás benne, *igen sokat használt* a mester reputációjának, hirnevének. Azok a hires Munkácsy-soiréek olyanok voltak, hogy még Párisban is ritkitották párjukat. Mi, szegény magyarok, mindig büszkék voltunk azokra. Majd azt mondtam, hogy ebben az időben már csak ezekért is érdemes volt magyarnak lenni. A franciák szivesen beszéltek velünk a nagy mesterről, Münkáczkyról és Münkakszyról, a „Dernier jour d'un condamné"-ről és a „célébre Milton"-ról. Egyszer megkérdeztem a mestert, miért *nem állit ki* a Szalónban. Mert a Honfoglalás kiállitása előtt jó ideig nem vett részt a tárlatokon. Okul a minden piktorok örökös panaszát, egyik képének „rossz akasztását" adta. A Honfoglalást azonban mégis kiállitotta. Rábeszélték. Nem azért, hogy sikere legyen, hanem, hogy a Szalónba látogatókat csábitsanak a nagy attrakcióval. De bizony ez a kép igen nagy hanyatlást jelentett! Érezte ezt a mester is : alig, hogy visszakapta a Szalónból, átfestette ujra. Elég baj, hogy megtette. Ha már előbb se fogadta jóakarattal a párisi kritika, most, mikor ismét kiállitásra került, ugy történelmi vonatkozásaiban, mint müvészi szempontból alaposan lerántotta. Az első kritikától főleg azért ijedt meg a mester, mert hiszen drága megrendelés volt ez a magyar haza részére. Mint Tisza Lajos gróf meghittjétől, Mikszáth Kálmántól tudom, nem is csak egy-két százezer koronába került. Félt hát, hogy itthon nagy lesz a lárma. Átfestés után tehát kiállitotta George *Petit*-nél, de az átfestéshez füzött reménye nem teljesült : nem kapott rehabilitációt. Hiába szaggattatta fel drága pénzért, ezrekért, a plafond ablakait, hogy jobb világitást nyerjen a kép : ő maga is elképpedt a hatáson. Idehaza persze mentegették a képet; itt még olyanok voltak a viszonyok, hogy a drága képnek egyben jónak is kell lennie. Legelőkelőbb napilapunkban legelökelöbb esztétikusunk is cikkezett mellette: idehaza nem volt nehéz megvédeni. Én azonban már akkor is azt tartottam, hogy *minél nagyobb a kép, annál közelebb áll ahhoz, hogy ne lehessen jó.* 1888-ban már megfordultam *Bretagne*-ban. Ekkor még az egész világon se volt több modern festő, mint talán husz mindössze: *Boudin*-t, *Monticelli*-t, *Millet*-t, *Monet*-t is beleértve, körülbelül azok, kikről ez Emlékezésekben beszélek. A *Vuillard-Denis* társaság még a Julien iskolába járt s tagjai csak 4—5 év mulva mutatkoztak kollektive Barc de Boutvillenél és a Revue Blanche-ban.

Akkor már észrevettem pemzlimen, hogy a mester művészi hatásától távol, a *természet kutatásának* hatásai nemcsak képeim karakterét, hanem izlésemet is megmásitják. Itt már — dugva, titokban — akkori felfogásom szerint teljesen modern érzésü dolgokat festettem. Csináltam többek közt egy „Ágyban fekvő nő" cimü képet: puffadt női alak párnák között, az ágy mellett álló szekrényen egy gyertyatartó s egy kis üvegben ibolyacsokor, — az egész voltaképpen egy alig szinezett vastagon huzott konturrajz. A „Két nő a szobában" hasonló megoldásu. A Szépmüvészeti Muzeum raktárában várakozó „Kuglizók" is, melyet *Pollák* Illés az ő érdekes, furcsa, nagy könyvében *Myron* nevezetes Diszkobolosza mellé állit összehasonlitás végett, oly festék nélkül való kép, mellyel a hivatalos körök máig is zavarban vannak: mi ez tulajdonképpen, olajfestmény-e vagy „grafika". A „Külvárosi kocsma söntése" a sok butéliás-üveggel; a „Kalitkás leány", a barna ruha fölött, kék háttér előtt sárga blafard arcával; majd a feketeruhás nő, amely „Arckép" nevet viselt, noha háttal fordul a nézőnek és arcából is alig mutat valamit; továbbá sok szines konturrajzom és más régibb munkáim, köztük sok meztelen alak: ugyanazok készültek ebben az időben, amelyekből 1892. évi párisi kollektiv kiállitásom anyaga került ki.

Bezzeg nem tetszettek ezek Munkácsynak, ki tőlük haragos megjegyzésekkel fordult el! És müvészek jó ideig mások

26

se fogadták tetszéssel dolgaimat: az idegenek közül — többször emlitendő skót festőbarátomon kivül — még alig is ismertem valakit; az akkor Párisban élő magyar művészek pedig csak ugy kinevettek, mint itthon — néhány iró és Fényes Adolf kivételével — csaknem mindenki. Viszont néhány párisi műkritikus, a modernebb izlésüek, Arsène Alexandre, Th. Sisson és mások, kik kiállitásomról lapjaikban áttalában nagy elismeréssel nyilatkoztak, itt-ott nem átallották azt valósággal művészi eseménynek nyilvánitani. (Ne méltóztassék az ily öndicséretet nagy szigorral birálni, hisz két évtizeden át oly *ütlegeknek* is nyugodtan és állandóan tartottam a hátamat, melyekbe az ütlegelő maga is, vagy inkább csakis maga — belegörbült!) Nem tudom különben, nem hatotta-e meg ezeket a képszerető francia embereket maga az a puszta tény is, hogy magyar művész — és fiatal művész — akkor *először* járult — és pedig az akkor még szokatlan s ennélfogva a maiaknál nagyobb sulyu — *kollektiv* kiállitással járult Páris művészetkedvelő közönsége elé. Mert évekkel előbb s akkor is inkább csak véletlenül láthattak a párisiak kollektiv kiállitást: George *Petit*-nél, *Whistler, Rodin, Raffaelli* müveiből. (Évekkel utóbb viszont, mint mostanában nálunk, ott is derüreborura rendezték az ily gyüjteményes bemutatkozásokat.)

Itt van helyén emlitenem, hogy *Munkácsy nem szerette Puvis de Chavannes* dolgait sem, hogy *Manet*-t valósággal *gyülölte* és biztosan merem állitani, hogy *Dégas és Renoir* akkor már jelentős nevét még hallásból sem ismerte. Jóformán senkit sem szeretett az impresszionizmus név alá foglalt piktura zászlótartói közül, pedig lám, legujabban is (1910) a berlini nemzetközi művészeti kiállitások is *ezeket* igazolták éppen Munkácsyval szemben, amikor Munkácsynak az ö művészi meggyőződéseikhez közelebb álló, korábbi, általa inkább tanulmányvázlatoknak tekintett, de tulajdonképpen komplét, befejezéssel el nem rontott müveit dicsérte az a német kritika, mely különben Munkácsy művészi jelentőségét ugy kemény szóval, mint hallgatással mindenkor aláásni törekedett.

29

Érdekes s majd még előfordul ez írásokban: Munkácsy nem hitt annak a közlésemnek, hogy *Saint-Marceau* szobrász két, az ő modorától egészen eltérő képemet megvásárolta. Mikor a szobrászt, kiről nem tudtam, hogy Munkácsy ismeri, neki mint vásárlót azzal a megjegyzéssel említettem, hogy nem közönséges művész hírében áll, azt mondta: „de nem ám és nem is hiszem, hogy igaz ez az egész dolog". Nem is hitte, mondom, míg személyesen meg nem győződött róla. Elment hozzá, hogy megkérdezze.

Munkácsynak ez a hitetlensége, eljárása nagyon különösen hatott reám: akkor kezdtem kritikai képességében először kételkedni. Még inkább gyanakodtam, mikor Manetról, Puvisről, épp azokról való véleményét hallottam, akik nekem nagyon tetszettek. Bizony nem egyszer ferdén néztem rá ilyenkor. Beszélik, hogy egyszer így is nyilatkozott: „Ha Manet, ez a mázoló bolond, megkapja a becsületrendet, akkér én visszaadom az enyémet." Máskor, Colpachon, mikor délután, munka után — szokása szerint maga hajtva egylovas fogatát — kikocsiztunk a környékre, Puvist birálgatta. „Nohát nézze csak" — kérdezte, miközben vastag tenyerével szétmutatott a colpachi tájékon — „hát ilyen az a híres Puvis de Chavannes? Hiszen ez az ember soha sem nézte meg a természetet. Hol lát itt maga kék árnyékot, kék fát, vagy azokat az unalmas szürke szineket, melyeket Puvis a nagy vásznaira fest? Vagy lát maga itt egy konturos meztelen asszonyt, vizet, mezőt?" — Hát hiszen nem láttam, már csak azért sem, mert nem volt ott meztelen asszony se konturral, se kontur nélkül, fürdőhelynek való sem volt az a vidék s általában más karakterü tájék az, mint a minőt Puvis nagy szeretettel figyelt meg és festett ugy, hogy olyat én még sehol soha nem láttam. De inkább azon csodálkoztam, hogy a mester egy ilyen, bár neki idegen, de nagystilü művészi törekvést egyáltalán nem tudott méltányolni, s még csak annak jogosultságát sem tudta elismerni.

Az említetteken kivül sok más, különösen francia művész sem állott a kegyeiben. Nem is tartotta őket tehetségeknek, de különösen festésük módját s a valőrökre alapított elméleteiket gyülölte. A többiekről, kiket Durand Ruel kolportált — mert itt még a kilencvenes évek elejéről van szó —, nem is igen tudott Munkácsy, de ha tudott is, nem igen lehetett öket szóvá tenni előtte. Valósággal dühbe gurult néha, már a könnyebben elfogadható *Carrière* emlitésénél is. „Ki a fene látott füstben olyan puffadt alakokat?" Különös, hogy még *Bastien-Lepage*-t és *Dagnan-Bouveret*-t sem szerette. Azt mondta, nem tudnak festeni. *Courbet*-t már szerette, sőt *Ribot*-t is, aki bizony nem is olyan nagy ember. Volt neki egy szép, nagyobbszerü, hullámos tengere Courbet-tól s Ribot-tól is egy másik; a Courbet-kép atelierjében, a Ribot-kép a hálószobájában függött. Sokszor nézegette őket.

Hát még milyen képei voltak? Ez se utolsó kérdés, ha egy művészről van szó. Felemlitek még néhányat. Volt *Makart*-portréja, Munkácsyné képmása, a billiárdszobájában. Szürke selyem kabát és valami pelyhes boa tünt fel a képen. Egyik legelfogadhatóbb műve ez ennek a szerintem meglehetősen rossz osztrák festőnek: egy friss és jól festett kép. Volt egy kis *Daubigny*-ja is. Az övé volt *Leibl* „Két dachaui asszony"-a. Medaille l-ère classe felirat, mint a párisi Szalón kitüntetésének jelzése, volt már ezen a képen, melyért Munkácsy még csak néhány ezer frankot adott — hiszen akkor Leiblnak nagyon rosszul ment a sora — melyet azonban ma már talán kétszázezerért sem igen adnának oda a németek. Volt egy szép *Uhde*-képe is, abból az időből, mikor Uhde még a tanitványa volt. Az a nagy Feszület, *Munkácsy* tanulmánya, mely most a Szépmüvészeti Muzeum második emeletén van, a mester nagy mütermében, egy homályosabb sarokban függött nagyon sokáig. A mester szemben ült mindig vele, ha készülö képeit nézegette.

Mielött az ember Munkácsy nagy mütermébe ment, egy kis sötét, felülről világitott fülkébe jutott: ebben állott s igen szépen hatott *Barrias* márványszobra: „Az első halott" (Kain és Ábel). Ugyanitt lógott *Munkácsy* egy tanulmánya a „Krisztus Pilátus előtt" képhez, az „Anya, gyermekével" és egy szép perzsaszőnyeg a szobor mögött. (Ezt a fülkét én egyszer a mester biztatására le is festettem : „pontos tanulmány" lett belőle, de különben unalmas, kemény dolog, egy sokszor átfestett kép, mely ma egy Vicomte *Vercelli* nevü ur tulajdona.) E mellett a kis fülke mellett, de még a lépcsőházban, ahol különben rendkivül sok érdekes régi fegyver és szőnyeg volt felaggatva, egy kis, keskeny falon, a másik müterem (nagy szalón) mellett való bejáratnál, egy bájosan keretezett s még bájosabb *Munkácsy*-kép függött: egy kis Napnyugta. Rendkivül nagy, mesteri tudással és átérzéssel festett képecske volt ez : könnyen, zseniális egyszerüséggel, jóformán semmivel, egy kis bitümbe kevert fehér és zöld festékkel csinált, inkább odairt festés volt ez. Erdőrészlet, sürün beültetett görbe fákkal. Egyike azon remekül festett, általa nem sokra becsült tanulmányainak, vagy inkább mesteri mulatozásainak, melyek a berlini Secesszióban rendezett legutóbbi kiállitásunkon (1910.) voltak bemutatva s részben Nemes Marcell tulajdonai. Egy Lédája is ilyen igen gyorsan és szépen festett kis kép. Ugyanitt egy állványon állt egy férfiképmás, a legjobb E. *Charlemont*-kép. Ennek a lépcsőháznak a világitása kis kerek szines hollandi üvegeken szürődött át a drága szövetekre, képekre és faragásokra. A nagy szalón és a dohányzóterem nyilott innen. Mindegyiknek bejáratát egy-egy nehéz gobelin takarta s benn a szobákban valóságos műkincsek voltak, különböző korszakból, különböző stilusban : a butorok, gobelinek, kandallók, erkély és plafondok. Itt voltak azok a sokszor lefestett gobelines, támlás- és karosszékek s a vörösbársonyos székek, melyek a Milton- és Liszt-képhez is székmodellül szolgáltak. Itt volt az a zongora, melyen *Liszt* és Ambrois *Thomas* sokat játszottak. E mellett énekelt egyik estélyen a kis *Komáromi* Mariska, aki abban az időben az Operához készült és Párisban tanult énekelni. Mignonját énekelte Ambrois Thomasnak, aki ez estélyen maga kisérte a zongorán a fiatal magyar énekesnőt. Ezen az

32

estélyen láttam ugyanitt utoljára *Reményi* Edét kopasz fejével és Alphons *Daudet*-t a cigányok közt ülve, monoklival a szemén. De nini, hiszen ez már nem a mester tulajdonában levő képek elsorolása, ez már csak amolyan melankóliára hajló cigányosan történelmi hangulat. Emlitek hát akkor mindjárt még néhány ismerős nevet. Eleinte igen sokszor ebédeltem és báloztam Munkácsyéknál. Ebben az időben járt hozzájok *Dumas* fils, *Carolus Duran, Bonnat,* Jean Paul *Laurens,* Alphons *Daudet,* Ambrois *Thomas, Reményi* Ede, *Zichy* Jenö *Milán* szerb királylyal, *Türr* tábornok, *Gervex, Duez,* néha *Besnard* és más neves és névtelen emberek, de leggyakrabban — leányával — *Chaplin-né,* akinek külön fejezetet kellene szentelni Munkácsy életirásában. Ezt a bizonyos, szükebb körü párisi társaságot minden *pénteken* délután a zsurokon éveken át láttam. A hölgyek, ugy a vének, mint a fiatalok, mindig igen csinosan, szépen öltözködve, kellemes társaság voltak, de egy kissé üresek, szellemeskedők, fecsegők s mindig — ugyanazok. Néhány év untig elég ahoz, hogy az ember megunja. Pedig *Munkácsyné* zseniális ügyességgel tudta az összejöveteleket rendezni, *Földváry* Emma kisasszonynyal egyetemben, ki náluk gyakran megfordult és bájos egyéniségével valósággal elragadta a társaságot.

Egy szép napon elhatároztam, hogy felhagyok a péntekkel és estélyekkel. Pedig néha — mindig — nagyon is rájok voltam szorulva: az emberi életem jobbik fele, *Lazarine,* téli estéken, fütetlen szobánkban bizony gyakran dideregve bujt az ágyba, hogy igy könnyebben megvárhassa a péntekek végét, amelyekről, ha anyagiakat nem is, egy-egy reménysugárt néha mégis vihettem haza. De mintegy: *más az élet, más a müvészet!*

Ebben az időben jártak és dolgoztak Pont-Avenben *Gauguin* és a furcsa hollandus festő, kinek neve azonban csak 1900 után került forgalomba: *Van Gogh.* Gauguinnal egyszer később (1894.) találkoztam s a Tahiti után bemutatott müveit láttam is, Van Gogh-ot azonban csak a Budapesten nem rég kiállitott néhány dolgából ismertem meg. Azért emlitem őket itt, mert körülbelül velük vagyok egy idős, velük egy időben másutt, más utakon és módokon kezdtem és folytattam müvészi tanulmányaimat, főleg annál a mesternél, aki tanitványaiban legegyénibben fejleszti a müvészetet: a természetnél. Ebben gyökerezik-e vajjon, hogy nyomtatásban végre is egy lapra kerültünk, hogy *Meier-Graefe* nagy könyvében a pont-aveni iskolához soroz be engem is? Bizonyos ellentmondásba keveredtem akkor már önmagammal. A Munkácsy-stilusban festett képeim, mint emlitettem, nekem már nem tetszettek akkor s bizony, ha ugy visszakerülnének hozzám, tulságosan nem sajnálnám megsemmisiteni őket ma sem, amikor pedig tisztultabb itélettel vallom, hogy a haladás minden stádiumának van jogosultsága, mert azok mindenike egy-egy láncszem, mely az elsőt az utolsóval egészszé köti össze.

Munkácsy módján *csak ő maga tudott* — amikor-akkor — jó és szép dolgokat csinálni, különösen a düsseldorfi „fekete" sorozatban. Ezekben a müveiben találok sok *rokon érzést* egyrészt *Knaus, Leibl, Vautier*, másrészt *Courbet* müvészetével. Ezek keveréke, később egy kis *Ribot*-utánérzéssel s a saját individualitása adják Munkácsyt, kiben végül még — főleg *Paál* László révén — a rosszul értelmezett plain-air-festés befolyását állapithatja meg a vonatkozások elfogulatlan ismerője.

Életkörülményei közül *Sedelmeyer* ismeretségére kell rámutatnunk, mint olyan motivumra, melytől a mester müvészetének hanyatlása datálható. Amikor Sedelmeyer révén Munkácsy vagyoni viszonyai hercegiekké javultak, akkor kezdődik a müvészetbeli visszaesése. A Krisztus-ciklus a középpont: a legnagyobb reklámok ideje, de egyszersmind müvészietlenség a reprenzentálásban. A „Krisztus Pilátus előtt" cimü nagy festmény érdekében a Rue Rochefoucouldban, Sedelmeyer háza előtt, mondják, uri hölgy szónokol az utcán! Vagy! Mozárt képének bemutatásakor Mozártzene szól a kép mögött — banális izlésü gazdag nyárspolgárok kedvéért. Nem, ez aligha a mester egyszerübben gondolkodó agyából került ki, vagy ha igen — annál rosszabb!

34

Ebben az időben festette Munkácsy a drága, Amerikába készülő portréit, köztük Vanamacker kislányáét. Egyik pénteken felmegyek a mesterhez s ott találom *Liebermannt,* az akkor még fekete göndörhaju, revolucionáriusan zsidóképü impresszionistát. Azon a napon ismerkedtem meg vele. Munkácsy háta mögött foglaltunk helyet, néztük a a portrét, melynek alsó részére a mester épp a nevét irta. Faragott barokk rámában, készen volt a kép. Munkácsy megkérdi Liebermannt, hogy mit szól a képhez. Ez rám néz, mert már tudtuk egymás véleményét: nem szerettük a képet, különösen azért, mert a fej a többi részlethez képest nagyon befejezetlennek hatott. Ujra kérdi a mester. Liebermann egy kis zsénnel, de az ő ma már jól ismert szarkazmusával azt felelte, hogy ezen a portrén minden kész, csak a fej nem, ami pedig egy portrénál mégis csak elég fontos volna. Szegény mester ugy állt ott, mintha leforrázták volna. Hogyan, hát a fej nem hat késznek? — az baj, holnap már elviszik a képet. Nem tudom, csakugyan elvitték-e másnap a képet, de az bizonyosnak látszik, hogy Munkácsy többé aligha kérdezte véleményét ennek a kissé elbizakodott német festőnek, akiről különben még szólni fogok.

Szegény jó mesterem hamarosan oda jutott, hogy képei *nehezen* készültek: nem ment már könnyen a munka. Nagyon érezhető ez az ő bizonyos, XV. Lajos korabeli alakokat, jeleneteket ábrázoló festményein.

(A hanyatlás ez idejében, Párisban és colpachi birtokán ottlétemkor esténként irta különben emlékiratait, gondolom, *Malonyay* Dezső biztatására.)

Ebbe az időbe esik nem szerencsés börzejátéka és gerincsorvadásának előrehaladott állapota. *Wrede* herceggel való állandó ismeretségének és a francia „gázhivatalnok" barátságának emlitése is itt kivánkozik ismét toll alá, ugyanazé, akit a mester — később — Honfoglalás-képén Árpád alakjához modellül felhasznált, nyilván *Gregoire* nevü olasz modelljéé helyett, akinek alakja számos Munkácsy-képen, különösen a XV. Lajos korabeli lovagok ruháiban látható.

Most azután ennek a „gázhivatalnoknak" fehér lovon büszkélkedő alakja, arca hóditja meg a Szépművészeti Muzeum laikusabb látogatóit. (Az előbb emlitett három kép közül a „Kevés kell a boldogsághoz" cimün Wrede arca mosolyog a kis babára, a másik kettőn Gregoire alakja hajtja fel a poharat vagy várja végig a levélolvasást.) Wrede különben — az akkor szegény, később gazdagon nősült herceg — hasznos barátja volt a háznak: a mester képeit fotografálgatta nagy buzgalommal a mester számára, mindenféle jó célokra való felhasználás végett. De-Suze is, a ház egy másik, igen gazdag barátja, ki feleségét — mint azt másutt emlitem — a legrettenetesebb módon vesztette el, szintén ilyen irányban amatörösködött Munkácsy körül.

Néha láttam még ezután is Munkácsy házánál egy-egy jóhangzásu magyar név birtokosát, járt ott többek közt Szilágyi Dezső, Pázmándy Dénes, Juszth Zsigmond, egy ideig Szomory Dezső, később pedig a két Juszth-imádó fiatal iró, Pekár Gyula és Malonyay, nemkülönben Bertha Sándor, a zeneszerző. És sokat hallottam arról is, hogy azelőtt, élete fogytáig, Liszt Ferenc is sokszor megfordult a mester házánál. Hubay is nem egyszer hegedült az estélyeken, amelyek igazán szépek voltak. Soha másutt annyi bájos szép asszonyt együtt nem láttam. Ezek voltak azok a bizonyos drága estélyek, amelyeket még a hires Tortoni szolgált ki: igy 1889-ben, a nemzetközi kiállitás alkalmával a nyolcszáz magyart is, amikor csak ugy rengett a ház a hemzsegő vendégsereg terhétől. Ezen az estélyen volt talán a legjobb kedvében Munkácsy, nemcsak fütyült, hanem még a csárdást is legényesen, peckesen járta.

Mi, fiatalok is, meghivót kaptunk a magyar „gulyásvacsorákra" s ezek a vacsorák kitünőek voltak: a mester jókedve füszerezte azokat. Ilyenkor volt aztán csak igazi jó magyar ember: rendkivül kedves tudott lenni, eldalolgatott, el-elfütyülte kedves nótáit. S ha már előbb is a természet adománya volt, hogy Munkácsy gyönyörüen tudott fütyülni, most már — az idők jele lehetett — kelleténél többet és szebben fütyörészett.

MŰVÉSZBARÁTAIM.

MELODRÁMA, KOMPOZICIÓ, EGYSZERÜSÉGKERE-
SÉS. PITCAIRN-KNOWLES S MAILLOL. ROKONMÜVÉ-
SZEK. LÁTOGATÁS CÉZANNE-NÁL ÉS GAUGUIN-NÉL

Valami nagy lelki harcomba nem került Munkácsy isko-
lájából való kiválásom. Az „iskola" szó itt nem értendő
betü szerint, de ha nem volt is a szó szoros értelmében
vett iskolája a mesternek: a közvetlen közelében, műtermé-
ben, szeme előtt, éveken át folytatott tanulmányaimat mégis
csak az ő iskolájának kell tekintenem. Egy bensö érzés,
mely a mester müvészetét rám nézve mindinkább idegen-
nek jelezte és bizonyos, a fiatal ember biztató tudat, mely
már korábbi sikerekből táplálkozik: ezek voltak az iskolá.
tól való távolodásom közvetlen okai. Az elöbbi az érzés,
az utóbbit, a tudatot sarkalta s én oda konkludáltam, hogy
a Munkácsy-hatást mintegy ki kell szakitanom a fejlődés
folyamatából s a Münchenben már bizonyos foku egyéni-
séggel készült néhány képem stilusát kell továbbfejlesz-
tenem. Ott már észrevették, megfigyelték dolgaimat, minta-
képpen néhányat vissza is akartak tartani az akadémián.
E tanulmányaim közül kettő *Vanier* urnak, a Pommery-
pezsgögyár igazgatójának tulajdonába került és megalapi-
tották számomra némely franciák érdeklődését, elsősorban
— mint már emlitettem — *Saint-Marceaux-ét*. Egyénileg
felfogott és megcsinált, fátyolozott szinü pasztellek voltak
ezek, amelyek később még nagyon sokáig kisértettek egy
szükebb körü amatörvilágot. Különösen női képmásaimat
igen sok szeretettel s ezzel a már Münchenben sajátommá
vált fakturával csináltam. Amikor tehát a párisi müvészi
viszonyok, kiállitások, könyvek, kritikák megismerése révén
rájöttem, hogy annál nagyobb értéke van a müvésznek,
minél eredetibb módon interpretál s ennélfogva munkája

minél kevésbé emlékeztet egyik vagy másik „beérkezett" művész fakturájára, belém szállott a jó lélek ujra s elővettem a régi, Münchenben jól megindult és már Párisban sikert aratott festésmódomat és a legnagyobb lelki nyugalommal jóéjszakát kivántam az általam hiába csinált, általam tulajdonképpen soha át nem érzett Munkácsy-modornak. Mert ebben az iskolában nagy szerepe volt két dolognak, amire ma már nemcsak hogy éppenséggel semmi sulyt nem fektetek, hanem amit elitélni szoktam. Az egyik a *melodrámás motivum,* a másik a *kompozició.* Ezek oly előre átgondolt, vagy inkább kieszelt teátrális dolgok, amiket éppugy nem szeretek, mint az elmult idők sablónos megfestését, az ugynevezett történelmi festészetet.

Testtel-lélekkel a rám közvetlenül ható élet, esetek, a mai kor jellemző vonásai, emberei, amelyekben s akik között éltem és élek, foglalkoztattak és foglalkoztatnak. Ezekről igaz odaadással, a magam előadási módja szerint igyekeztem megrajzolni vagy megfesteni tanulmányaimat. Ha pedig izlésem applikálására volt szükség, szobaberendezés, kiállitásrendezés, képszőnyegkészités, plakát- vagy meghivócsinálás, szóval müipari munka, tervezés foglalta le tevékenységemet: a legegyszerübb eszközeimmel s az egyszerü elbeszélési mód szintézisével stilizáltam, iparkodván beleélni magamat egyuttal lelkivilágába annak is, akinek a mü készült s akinek néha mintegy az életét kellett a terveim szerint készült dolgokkal körülvennem, életében részt vennem, élnie segitenem. Ez az *egyszerüségkeresés,* melyet életmódomnak is főprincipiumává tettem, a magja az én festési fakturámnak. *Minél kevesebbel minél többet, sokat kifejezni:* ez ma is a müvészi mottóm. Ugy érzem, ez szokott is sikerülni, de érzem azt is minden alkalommal, hogy — festvén — egy-egy kis revolució megy végbe bensőmben. Mintha *mindent* ujból és *mindig* ujból kellene megtanulnom. Nagyon sokáig vajudik bennem tanulmányképpen tárgyam megoldási módja, a kép rajza, szine, nagysága, mindene. Mindig egy uj világ, egy uj szenzáció előtt érzem magamat. Azért aztán nagyon össze kell szednem magamat, hogy azt a keveset, amit adok, jól csináljam meg. Talán segitségemre van, hogy akkor kapok bele a munkába, ha már „elméletileg" tisztában vagyok mindennel. De nincs könnyüségemre az, hogy szigoruan ragaszkodom feltevésemhez: *mindent egyszerre festeni!* Megesett már, hogy valamely képemnek egy részlete, például egy arcképcsoporton egyik fej nem ugy sikerült, hogy az nekem tessék: a vászonig levakartam minden festéket, hogy ne csak a nem tetsző, könnyen kijavitható részt kelljen ráfestéssel korrigálnom, hanem egészen ujra kelljen festenem az egész fejet.

Azt hiszem, annak, hogy — a Münchenben félig-meddig gépiesen ugyan, de lelkiismeretesen és a minuciózitásig finoman megoldott tanulmányaimon tulesvén — mintegy négy éven át alig tettem egyebet, mint rajzoltam és az eleinte nagyobb, de hamarosan nagyon csekélységre redukálódott s inkább technikabeli és elég korán megszünt Munkácsy-befolyásnak — s ennek is inkább indirekte — köszönhetem ma azt, hogy tudom, hogy mit nem tudok és tudom, hogy egy mű elkészitésénél *mit nem kell* megcsinálni.

Nekem akkor már megvolt a magam társasága, mely több éven át csak három tagból állott: egyik a feleségem, másik skót barátom, a harmadik magam voltam. Skót festő barátom, James Pitcairn Knowles, ki már régibb idő óta volt ismerősöm, más ember volt, *más izléssel,* mint aminőt Munkácsy környezetében találtam: az az ember, aki nekem izlésben legjobban konveniált. És igazi *jóbarát* volt. Közelünkben lakott, volt műterme is, mert gazdag posztógyáros fia, de — sajátságos — noha én folyton küzdöttem anyagi gondokkal, anyagiakról köztünk szó nem esett. Vele teljesen az ideális értelemben felfogott művészet terén álltam. Ő, anyagilag független s én, mert nem volt veszteni valóm: könnyen találtunk egymás iránt való barátságunkban megnyugvást, miután izlésünk és művészi felfogásunk hasonlóságát felfedeztük. Sokat beszélgettünk egymással régi és modern jó festésről és irodalomról; sokat gondolkodtunk egymás társaságában és kicseréltük eszméinket. A boulognei erdőben naponként nagyokat sétáltunk, morális és művészi alapon figyelve párisi asszonyokat, férfiakat, természetet. És beszélgetve dolgoztunk sokat: lelki okokból, dekorativ szempontokból. Együtt buvárkodtunk, együtt fejlődtünk. Ő jobbára fametszéssel foglalkozott, misztikus gondolatait igy igyekezett megrögziteni. Nagy gonddal, komolysággal és szeretettel dolgozott. Én többnyire festettem vagy litografáltam. Később egy házban is laktunk s ha különváltan dolgoztunk is, egymás dolgait naponként megnéztük. Nagyon szerettük egymás művészetét, izlését s mégis — vagy éppen azért — szigoruan *biráltuk* egymás munkáit. A sors azóta elválasztott bennünket egymástól, de a levélbeli érintkezés, a nagy barátság köztünk ma is fennáll, sokáig igen élénk és érdekes volt, pedig sok hegy és viz van a Rajna és a Kapos vize között. Knowles ujabban komoly szobrászattal is foglalkozik; fába farag vagy faragtat nagy emberfejeket. Meg kell még róla állapitanunk, hogy nem vált ugynevezett hires emberré, mert anyagi függetlensége és természetes hajlamai folytán nem vesz részt nyilvános kiállitásokon s igy neve nem kerül közforgalomba. Boldog művész: azt és ugy fest és farag, amint s ahogyan *neki tetszik*. És érdekes, ideális ember.

1890 körül ő ismertetett meg Aristide Maillol-lal, akit ő ismert fel előszőr, mint nagy művésztehetséget. Egy iskolából kerültek ki s nem tévesztették egymást szem elől. Maillolnak pénzre váltható sikerek hiányában nem egyszer volt oka csüggedésre, de Knowles buzditó szavával ugyanannyiszor uj reményt öntött a lankadóba. Nekem is nagyon megtetszett Maillol gondolkodása és munkája, azért a megismerkedés után sokáig jóformán csak ezzel a két művészszel érintkeztem.

Maillol különben 1887 körül az Académie des Beaux-Arts növendéke volt s Bourdelle szobrásznak nagy tisztelője. Itt tanulta a szobrászatot egy ideig, mignem Colarossi iskolájába került, hol Jean Paul Laurens és Henri Martin tanitványa lett Pitcairn Knowles-szal együtt Később saját ott-

honában, egy igen régi, elhagyott palotában, a Rue St.-Jacques-ban dolgozott: festett nagyobb vásznakat, nagy nélkülözések közepette, minden siker nélkül. A Szalón is rendesen visszautasitotta müveit, csak később, mikor kis objets-d'art-jait és tapiszériáit küldte be, vették észre és látták meg benne a finomult izlésü müvészt. Azért is küldte tulajdonképpen ezeket a kisebb dolgokat, mint nálunk is az iparmüvészet körébe utalt tárgyakat, az objets-d'arts szekciójába, mert csak ily cimen nyilt alkalma magát bemutatni. Fontos adat ez, mert ha ilymódon akkor nem jut a közönség elé, talán máig sem juthat el azóta elért nagy fejlettségéhez.

Majd, mint másutt is emlitem, Natanson kezdett iránta érdeklődni, támogatta őt s ma Maillol, a szobrász: nagy müvész, büszkesége a francia uj müvészetnek.

Egyéb okokon kivül Maillol ösztönzésére kaptam kedvet a broderiák és tapisszériák készitéséhez, amiket ő már készitett akkorában. Stilusunk persze különbözött: más felfogásban, más fakturával, oly különbséggel állitottuk elő e par excellence dekorativ jellegü iparmüvészeti munkáinkat, hogy a párisi kritika mindig egymástól elválasztva foglallalkozott velünk. Természetes, hiszen Maillol inkább az archaizmus felé hajolt. Nem volt egészen ujszerü, inkább görög inkarnáció. A külsőségekben is voltak különbségek: az ő öltései ritkák és egymás alá helyezettek, az enyémek sürüek, hosszuak és egymás közé öltöttek; az ő kész munkája laza, könnyen göngyölhető, az enyém keményszövetü, mint a sürü perzsaszőnyegek. Rajz és szinek még inkább eltérők.

E dolgaink technikai részében érdemes munkájuk volt feleségeinknek.

Maillolékkal szinte családiasan éltünk együtt 1899-ben több hónapon át, Banyulsban, ebben a vallásos hangulatu, hegyes, sziklás vidékü katalaniai községben, ahol Maillolnak máig állandó lakása van. Sokat festettem itt s Maillol, ki eleinte kizárólag szintén festéssel foglalkozott, érdekesnek találta dolgaimat és gyakran hangoztatta, hogy a sajátságos vidék ritka megértésének nyilvánulását látja ott csinált képeimben.

Hajnalban már rendesen ablakunk alatt volt a Maillol-család, kenyérrel és fahajizü csokoládéval a kezükben vártak ránk, hogy rendes szokásunk szerint a hegyi forráshoz menjünk. Itt ettünk fügét és csokoládét, ittunk a jó forrásvizből nagyokat s vagy mindjárt munkához láttunk, vagy egy nem messze fekvő pusztára sétáltunk festeni. Azaz: festeni inkább csak én festettem, Maillol inkább az ő archaikus felfogással, nagy gonddal, szeretettel, meggyőződéssel készitett gobelinjeinek rajzolgatta terveit. Sokat törte a fejét a jó fonalak készitési módján, különösen azok szinezésén. Szobrászkisérleteit is látva, mivel nagyon hallgatott rám, a szobrászat intenzivebb müvelésére buzditgattam őt. Mint láttuk, nem eredménytelenül, mert ez irányban fejlődött tovább mai nivójára.

A vele való barátságom csak fokozta bennem azt a müvészhitvallást, melyet ma is vallok s mely, hiszem, minden müértő szemében is tiszta, igaz érzésü, önálló meggyőződéssé fejlődött.

Maillol egyszerü és természetes modorát jellemző dolog természetesen sok van emlékemben. Egyet-kettőt felemlitek.

Egyszer meghivott bennünket vacsorára. Nyilván érezte, hogy többszöri meghivásainkat neki is kell valamivel viszonoznia. Meghivott hát, mondom, igen különös vacsorára. A szépen megteritett asztalra a következő lakmározásra való holmik kerültek: egy nagy tál saláta, kenyér és egy nagy kancsó viz. Se több, se kevesebb. De mégis: kést még kaptunk. Még mi ketten is, feleségemmel, akik pedig öt puritán életmódjával együtt jól ismertük, meglepődtünk, s meg is ijedtünk, kényes gyomru barátunk, Knowles miatt: ez biztosan ... De nem lett rosszul. Maillol pedig — és talán ez volt a legmeghatóbban mulatságos momentum ezen a vacsorán — a „lakoma" végén nagy kataláni hegyes késével ugy piszkálta a fogát, mintha valami igen finom lakoma maradékait szedegetné ki onnan.

42

Nem szép talán, ha elmondom, hogy „fogához veri a krajcárt", oly takarékos. Másutt majd azt emlitem viszont, hogy mütermében — készülöben levő művei ápolásában — néha a könnyelmüségig gondatlan. Nemrégiben Keszler gróf elvitte őt magával Londonba. Minden költséget fizetett, Maillolra csak kisebb bevásárlási költségek s néhány kikerülhetetlen borravalózás terhe hárult. Kéthetes londoni utja és tartózkodása alig került igy husz shillingbe. Mikor aztán otthon párisi barátai a londoni viszonyok felöl kérdezösködtek, kifakadt: nem megy oda többé, iszonyu drága város az, az embert ott kirabolják!

Banyulsban természetesen megismerkedtem az egész Maillol-familiával. Van köztük borügynök, halász, iró, muzsikus. Ez utóbbi, a Wagner-imádó, Gaspard Ribot Maillol, miattam vagy inkább általam kapott kedvet a pikturához. Máig is hálálkodik érte. Tizennyolc éves volt akkor, talentumos, jóizlésü fiu. Jellemző, hogy azonnal festeni kezdett, rajzolni csak később. Mindjárt kezdetben igen érdekes embernek mutatkozott. Nagybátyja, Aristide Maillol, hüledezett bámulatában: nem tudta a dolgot megérteni. De három évvel ezelőtt már arról értesitett, hogy Gaspard kiállitást rendez Druet-nél Párisban, majd meg hogy a kiállitás sikerrel járt, a fiunak megvették összes tollrajzait.

Az idősbb Maillol-lal a Champs-de-Mars-i Szalónban szoktunk kiállitani, az ugynevezett kitüntetést is egyidejüleg kaptuk. Ma ő is zsürimentes societaire ott, de ma már sem ő, sem én nem szivesen állitunk ki ebben a Szalónban. Törzstag vagyok még itt, de már évek óta nem állitok ki rendszeresen, mint azelőtt, mert oly banálisan hivatalos jellegüvé vált azóta ez a Szalón is, hogy dolgaim nem érzik jól benne magukat. Változnak az idők s minekünk mintha még volna mondanivalónk: inkább a „Függetlenek" és a „Salon d'Automne" felé vonzódunk. Én ugyan az utóbbiban még nem mutatkoztam képeimmel: Párist odahagyva, egyelőre itthon, Budapesten vettem csendes részt a művészi mozgalmakban, legszivesebben azóta, hogy

43

megalapitottuk a MIÉNK-et, mely — sajnos — legujabban ismét dugába dőlt. A következők voltak alapitó tagjai: Csók, Czóbel, Ferenczy Károly és Valér, Fényes, Glatz, Iványi-Grünwald, Kosztolányi-Kann, Kernstok, Magyar-Mannheimer, Márffy, Réty, Rippl-Rónai, Strobentz, Szinyei Merse és Vaszary. Ha nem is volt egyöntetü társaság, olyan kiállitásokat rendezett mégis, ahol minden festő a maga felelősségére állitott ki. Igazi müvészi esemény volt e társaságnak fellépése.

Mintegy tizenöt évvel ezelőtt állitottam ki Párisban „Öreganyám" cimü képemet, mely nagyon feltünt ott egy egymást megértő müvésztársaságnak. E társaság néhány tagja ma sokat emlegetett kiváló müvész. Harmadfél év előtt Bernheimnél voltak kiállitva a Thadée Natanson tulajdonában levő müveik s e kiállitás katalógusának Mirbeau irta az előszavát. Különösen *Vuillard, Bonnard, Valloton* szerepelnek közülük. Velük gyakran érintkeztem, miután Párisból a közel fekvő Neuillybe költözködtem. Vasárnaponként hozzám jöttek látogatóba. Ebbe a müvésztársaságba tartozott még *Denis, Serusier, Ranson,* egy ideig *Cottet* is, de *Toulouse-Lautrec* egész haláláig. A társaság uttörő — s részben jelentékenyebb — rokonsága a festők közül *Cézannne, Gauguin, Renoir, Pissaro, Degas, Seurat, Signac,* a szobrászok közül *Rodin* és akiről már szóltam: *Maillol* voltak. A modern müvészet ismerői előtt, gondolom, nem kell magyaráznom, kicsodák mind e müvészek s itt legfeljebb csak annyit jegyzek meg, hogy közülük néhányan egyáltalán nem érték el azt a müvészi magaslatot, mely ifjabb korukban róluk joggal feltételezhető volt, sőt vannak köztük olyanok, kiknek müvei ma egyáltalán nem elégitenek ki. De hisz' majd visszatérek még mindnyájokra.

Cézanne-nal csak egyszer beszéltem, meglátogatván őt mütermében. Ez a müterem arról volt nevezetes, hogy nem volt benne egyetlenegy Cézanne-kép sem, mind elkel-

44

tek akkorában rendezett *első* kiállitásán, melyet *Vollard,* a kezdő szegény műkereskedő csinált neki. Ugy hallottam, kerek harmincezer frankot szerzett eladott képeiből, amely pénzösszeget három részre osztotta és pedig felesége, fia és maga közt és aztán ujra utnak eresztette őket, maga pedig magában, illetve egy egész fiatal svéd iró társaságában, Marlotte-ban tovább dolgozott. Csupán egy régi, olaszos szép női alakrajzot és egy a falon ferdén egy szöggel, keret nélkül felfüggesztett — olajnyomatot láttam műtermében. (Cézannera nagyon jellemző az a rendkivül érdekes s majdnem érthetetlen dolog, hogy az olajnyomatokat szerette.) A szót nehezen adta ki magából, különösen ha művészekről kérdeztem. Talán feljegyzésre méltó ennek a kétségtelenül nagy művésznek az a disztinkciója, melyet három egyformán homloktérben álló nagynevü festőről mondott: *Puvis* de Chavannes-t *„igen nagy művésznek"*, *Renoirt* csak *„tehetséges embernek"* itélte. Gauguin-ról való véleményét is akartam tudni, de erről kicsinylőleg nyilatkozott: *„Nem ismerem"* — mondta — *„azt az urat"*, pedig ismerte. Viszont Gauguin bámuló szeretettel csüngött Cézanne művein.

Renoirt, Degast, Rodint csak látásból ismertem. A többivel vagy a Revue Blanche szerkesztőségében, vagy a L'Oeuvre-szinházban, vagy egymásnál s gyakran — különösen Lautrec-kel — a kerékpárversenyeken találkoztam, mignem Lautrec, ez az abszintivó, testileg degenerált alak, de szellemes, szarkasztikus művészegyéniség, ki a japán művészetet, kivált a perverz japánokat igen szerette s a tulajdonomban lévő, VII. századbeli szines kinai dolgok iránt is nagy érdeklődést mutatott, nemsokára megőrült.

„Öreganyám" képe — ezért emlitettem az imént — „hozott össze" Gauguinnal. A kép, mint a többieknek, neki is legjobban tetszett a Marsmezei Szalón akkori kiállitásán. Az itt történt találkozásból kifolyólag hivott meg a Rue Vercingetorix-ban lévő műtermébe. Akkoriban tért vissza először Tahitiból, tehát csaknem egészen Gauguin volt már Gauguin. Hasonló értékű volt rám nézve e vele való találkozás, mint a Cézanne-nal való Marlotte-ban, Fontainebleau mellett, csak nem olyan egyszerü, amannál „bohémebb" jellegü találkozás, amelynek talán érdekesebbek is a külsőségei. Este mentem hozzá. Már a folyosóján szép dolgokat láttam, különösen feltünő szép volt egy gyümölcs-csendélete, melyet régebben, még Cézanne modorában festett. (Sohasem tagadta ezt az egészséges befolyást.) Benyitva a műterembe, homályos világitásban több emberi alakot láttam. Egy göndörhaju ember zongorázott: ez *Leclerque* volt. Egy másik, hosszuhaju, a padlón feküdt: ez Ruinard, a költő. A szoba közepén a plafondról egy kötél lógott le s azon egy örökké mozgó *majom* mászott fel-alá. Alatta, a padlón, kék mosóruhában egy kis *sárga-fekete börü asszony* ült, szótlanul, mosolyogva: ez a müvész kedvese. Gauguin maga éppen az ágy lábánál fáradozott: ily módon reprodukálta az ő tipikus fametszeteit. Mikor elkészült az épp kezében lévő lap nyomásával, kezet szoritottunk, a fekete asszonyka pedig megkinált teával. A zongora elhangzása után beszélgettünk. Sikertelenségéről panaszkodott. Képei akkor *Duran-Ruelnél* voltak kiállitva, de nem vásárolták. Az, hogy még a Luxembourg-muzeum sem szerzett meg tőle semmit, szinte kétségbeejtette, de nemcsak őt, hanem mindenkit, akik vele lelki kontaktusban voltak. A képek a műterembe kerültek vissza, részben pedig jóbarátok szives közbenjárására appelláltak akkor, amikor igen könnyen lehetett 50—100 frankért szép, a legjobb, a legtipikusabb Gauguinokat kapni. Nem értette meg sikertelenségét s a fehér rámázásban kereste annak okát, a hibát: a kiállitás után rögtön sárgára festette őket s igy akasztotta fel műtermében.

Hogy mennyire szerette ez a müvész a függetlenségét, bizonyitja az, hogy, mint akkorában beszélték, Durand-Ruel tizezer frank évi járadékot ajánlott ·fel, hogy neki dolgozzon, de ő nem fogadta el az ajánlatot.

Három példányát az emlitett primitiv módon, ágy lábával nyomott fametszeteinek emlékül adta s ezeket most is

Mon cher ami

Votre lettre nous a fait bien
plaisir — vous êtes mon cher
ami aussi paresseux que moi — je
voudrais bien que vous m'écriviez
plus souvent — Pourquoi restez vous
toujours si loin de nous — je vous
ai souvent demandé de me dire si
c'était pour toujours que vous étiez
fixés dans votre pays — Je
regrette beaucoup de ne pouvoir
vous serrer la main de temps en
temps et de voir votre belle figure
mon vieux grenouille — Je serai
aussi très heureux de rester avec vous
dans votre aimable maison — mais
c'est si loin et nous n'avons pas
assez d'argent pour ce grand voyage
plus tard peut-être pourrons nous
le faire — je l'espère — Nous
allons peut-être déménager pour
être près des amis Roussel — Bonin
Denis — nous irons près de

à Étang la ville a Marly le roi
peut être ou nous avons eu une
petite maison près des bois
quel beau pays — Je fais toujours
des sculptures sur bois — maintenant
je vais commencer une statue
grandeur nature en terre — cette
année on a parlé beaucoup de
moi à Paris — j'ai failli avoir
a faire le monument a Émile Zola
j'ai été choisi dans les 3 et
les trois on a choisi Constantin meunier
ce serait trop long a vous raconter
mais Mirbeau a beaucoup d'isent
pour moi — mes envois au
salon ont été très remarqués
tous les journaux en ont parlé
j'ai exposé un grand bas
relief et plusieurs statuettes
Rodin dit beaucoup de bien
de moi — j'ai été le voir j'ai
déjeuné avec lui —

— j'ai vu avec plaisir le
catalogue que vous m'avez envoyé
a Banyuls et votre portrait
très vivant de la première
page — a quand le plaisir de
vous voir en chair et en os
vous et Lazarine

Voici les nouvelles
que vous me demandez
notre cher ami Schuff
a divorcé avec sa
femme — quelques
jours après son père
est mort ruiné — ce qui fait que
le pauvre garçon est bien abattu —

Les Natanson ont fait aussi
de mauvaises affaires voila
pourquoi ils ne répondent pas
la revue blanche est finie —

Les autres amis   voici le
vont bien on me   portrait
demande souvent   de
de vos nouvelles   ma femme
je vois souvent
Bonnard — Roussel Vuillard
Denis — je fais des échanges

avec eux ils veulent des études
et ils ne donnent de la peinture
écrivez encore plus tôt cette fois —

Est-ce que vous avez toujours gardé
votre logement de Neuilly — et vos
meubles où sont-ils ? — est-ce que
vous avez tout emporté — Et Knowles
où est-il ? voici l'adresse de Jacques

maillol cavalier au 16me escadron
du train des équipages militaires
à Lunel (France)

envoie aussi je mets je même nos
meilleures amitiés — n'oubliez pas
vos amis — Lucien vous embrasse
il fait toujours de la peinture vous
seriez bien étonné de voir ce qu'il fait

Cordialement à vous
aristide Maillol

Villeneuve St Georges
1 avenue de Melun
seine et oise

örzöm: budapesti műtermemben és kaposvári tanyámon igen jól érzik magukat *Maillol* és *Valloton* fametszetei és kinai meg japán eredeti rajzkollekcióm társaságában. Jól egészitik ki ezt a társaságot *Denis, Vuillard* és *Bonnard* néhány müve, melyeknek alkotói közül Denis szimpatizált legjobban Gauguinnal. Ő és *Cottet:* Gauguin örökösei, tanitványai. De *Seruzier* sem tudott befolyása alól szabadulni. *Maillolt* meg egyenesen neki köszönhetjük. Nem jelentéktelen műtörténelmi adat ez, hiszen ma már Maillolt együtt emlegetik Rodinnel, aki most a müvelt világ leghiresebb szobrásza. S ha Gauguinnak egyéb érdeme a modern müvészet terén nem is volna, mint Maillolra való kétségtelen nagy, irányitó hatása: *ez maga elég ok arra,* hogy mindenkorra helyet kapjon a műtörténetben. Érthető viszont az is, hogy Maillol Gauguint taksálta a legnagyobb *modern* müvésznek.

Mi ketten, skót barátom és én, szintén nagyon megszerettük Gauguin művészetét, — nem minden dolgát természetesen, hanem a müvészt egészben. Hordtuk is hirét szét Párisban, amennyire csak tudtuk, oda, hol részint gyülölték őt, részint bolondnak tartották. Azt mondhatnám, mi hoztuk először jóhirbe a nevét.

Maillol jóhire érdekében is dolgoztunk ily módon.

A többieket, Denis kivételével, Natanson fedezte fel, nem az előbb emlitett Thadée, hanem Stefan *Natanson,* akinek szintén érdemei vannak a francia impresszionista festészetnek és hajtásainak ápolásában.

A többiek, Vuillardék és Natansonék, azidétt igen keveset foglalkoztak Gauguinnal, csak később kezdtek törődni vele, mikor Gauguin szép szines fametszetei piacra kerültek. Egyszer megkérdeztem Seruziert, miért nincs már a társaságban Gauguin? Azt felelte, hogy „il est parti" — nem tart velünk! Gauguinnak különben Charles *Maurice* és Camille *Mauclair* voltak irodalmi portálói. *Mirbeau* nem, pedig őt sem vádolhatjuk azzal, hogy ignorálta volna az e körbe tartozó müvészeket: hiszen már ezelőtt tizenhárom évvel emlitette egyszer nálam Neuillyben Vuillard, hogy Mirbeau falusi házában egy tipikus Van Gogh-képet látott felakasztva. Nagy merészség volt ez akkor, hiszen Van Goghot valósággal bélpoklosnak tartották a nyárspolgárizlésü párisiak! És ma? Ma bizony sietnek megszerezni. Ez a két név: *Gauguin* és *Van Gogh* neve került ennek a „fejezetnek" a végére. Ök ketten azok, kikhez — bár más utakon haladtam — végeredmény gyanánt látszólag talán legközelebb jutottam a müvészi rokonságban. Van köztünk bizonynyal hasonlóság, pedig egyikünk se kereste azt. Különös véletlennek s a természet és müvészet értelmezésének lélekben gyökerező hasonlósága lehet a közös kutforrás, melyböl mindhárman meritettünk. Valószinü, hogy mind a hárman egyformán szerettük a kinaiakat, a perzsákat, egyiptomiakat, görögöket, Giottot, Masacciot, Fra Angelicót, Orcagnat a japánokkal egyetemben és bizonyára önkéntelenül is éreztük ezeknek hatását. Mégis, meggyőződésem, *mások* vagyunk mind a hárman. Mások mind a hármunknál a kiindulási pontok, a közbeeső étappe-ok s mások az utolsó kialakulások. Egészen más a Gauguin „*Noa-Noa*"-ja, mint a Van Gogh „*Napraforgó*"-ja, vagy a „*Piacsek bácsi apámmal* a vörösbor mellett".

ÉLMÉNYEK NEUILLYBEN
ÉS BANYULSBAN.

EGY KÉPMOTIVUM ÉS EGY LAKÁS. FEKETE KÉPEK. EGYSZERRE-FESTÉS, SZINTÜZESITÉS. ANDRÁSSY-EBÉDLŐ. PÉLDA A DIPLOMATIZÁLÁSRÓL.

Neuilly sur Seine, 65 rue de Villiers 65 : ez a francia szokás szerint kétszer leirt házszám sok emlékezetes élményt jelöl az én hosszas külföldön-tartózkodásom idejéből s mintha először leirva az örömök, másodszor leirva a szenvedések emlékeztető jele volna! Neuilly a Szajna és az erőditések közt fekszik. Régebben, Napoleon, Louis Philippe és Duc d'Aumale idejében egy nagy vadaskert volt a máig is fennálló, gyönyörü, öreg kastélylyal és néhány más nagyobb villaépülettel. De később parcellázták s mai napság csupa villából és kertből áll, körülbelül harmincezer lakossal, nagy fasorokkal s igazán szépen tatarozott utakkal és utcákkal. Van azonban néhány elhanyagoltabb része, a munkásoktól lakott népesebb részek. Ilyen volt a mi utcánk is, a rue de Villiers. A ház, melyben laktunk, a legrégibbek közül való, bejárata ódon, kapui rácsosak. Első látásra is, noha elhanyagolt állapotban van, uri dolognak látszik : a patinás falak, a kis kockás nagy ablakok jó izlésre vallanak, a régibb időkre emlékeztetnek és sokat tudnak a megfigyelőnek mesélni és még több következtetésre adnak alapot. Hátul a nagy öreg fákkal beültetett parkban mindjárt egy óriási Sophora Japonica áll, nagy, uszályos ágakkal, nyáron olyan, mint egy sleppes hercegnő zöld ruhában. Csupa poézis. Röviden : kopott, de igen érdekes ház volt ez, ahol mi hárman, ketten a földszinten, Knowles barátom az emeleten — laktunk. Mindig is álmodoztunk ilyen tanyáról, kerestük is sétáink alkalmával. De tulajdonképpen *„Kuglizók"*

4*

cimű képem adta erre a közvetetlen impulzust. Hosszu sétáink alkalmával — tél idején — Neuilly mellett, Levallois-ban, elhagyott kertekben gyakran láttunk csendes mulato-zókat, nyugalomba vonult öreg uriembereket tekézni: karakterisztikus nyárspolgár-alakokat, amint ebben az öre-ges, szürke hangulatban szórakoznak, podagrás tagjaikat ezzel az erősebb mozgással járó játékkal igyekeznek egész-ségesebbé tenni, fiatalitani. Az öregebb embereknek ez az „erősebb" mozgása, mely tulajdonképp csak rájuk nézve „erős", a néző, kivált a fiatal szemmel néző szemében azonban közelebb áll a nyugalomhoz: ez a jellegzetes mozgás, ugy az egyes alakoké, mint az összes alakok tömegmozgása, festői szempontokból nagyon érdekelt. Hogyan lehetne ezt a jellegzetes mozgást, ugyis mint tömegmozgást, lehetőleg csak néhány alakkal s ezzel az öregesen szürke hangulattal, minél egyszerübben festőileg kifejezni? Szintelen, csaknem sivár itt minden, az emberek nyugalmas mozgása, a természet letaroltsága, a ködös, hideg téli levegő: *minek ide a sok festék?* Hiszen a szürke vászonra szénnel rajzolt „vázlat" már oly közel áll a természetnek ehhez a hangulatához, hogy itt-ott néhány kabátnak vagy fának kissé elütő szinét jelző vékony festék-folt már kiadja az egész hangulatot minden karakteriszti-kumával. Most csak igen vékony festékkel le kell kötni a rajzot a vászonra: nem baj, sőt ugy hat természetesnek, ha maga a rajz is mindenütt kilátszik alóla. Készen vagyunk. Hogy azután mások azon tünődnek, olajfestmény-e ez, vagy „grafika"' — az már igazán nem a művész dolga.

Csakhogy az ily olajozott grafika, vagy rajzolt olajfest-*mény nem készül ám oly könnyen, mint ahogy azt a* technika utólagos kutatói gondolhatják. Sokszor sétál addig az ember Páristól Neuilly-ig és Neuilly-től Levallois-ig, sokszor megnézi ezeket a karakterisztikus nyárspolgárokat, mig elhatározza, hogy vászonra rögziti őket. Nem mintha *nem érdekelnék az embert: a festő szemét minden érdekli.* De ha elképzelem, mit csinálna ebböl az imént jellemzett szürke hangulatból az én nem rég odahagyott mesterem, a

sulyos, zsiros ecsetü Munkácsy: az igy elképzelt festmény valami teljesen idegen dolognak hat mindattól, amit itt a természetben magam előtt látok s már e képzeletbeli összehasonlitás kedvéért is most már minél nagyobb intenzivitással figyelve figyelek.

— Knowles, hagyjuk ott a párisi műtermet, gyerünk ki Neuillybe lakni!

És Knowles az első szóra beleegyezik és kihurcolkodunk a „motivum" közelében talált lakásba. Neki ugyan böven volt mit költözködnie, de azért nekünk is „segitett" s igy — oh, bizony — ez a hurcolkodás is könnyen ment. Csak épp az imént licitálták el holmimat: a hátamon vittem a szalmazsákot s Lazarine kezébe is jutott egy kiszáradt virágcsokor, mig Knowles barátom segitsége „a" virágváza szállitásában merült ki. És tudja isten, nem is szégyenkeztünk tulságosan ebben a furcsa „menetelésben", hiszen ez hozzá tartozik a művészi „életkörülményekhez".

Tiz esztendeig (1892—1902) laktunk ebben a házban s munkába mélyedve itt éltem át legérdekesebb, legszebb részét életemnek.

Itt, a nagy Sophora alatt, oly jól esett megismerni Flaubert könyveit, gondolkodását.

Itt jutott legtöbb idöm Balzac és Mallarmé olvasására.

Itt voltak a meleg-szürke szoba-falakra kifeszitve Sesshiu régi japán művész tussal csinált ecsetrajzai, melyeket Mme Leroi d'Étiolles-nak, a Szalónban már akkor kitüntetett művésznönek férje, a mindig utazó hajós, hozott Japánból. Szerettem őket s róluk szólva ismét konstatálhatok két művészünkről is valami jellemzőt. A rajzok kinai hatás alatt készültek, mert művészük Kinában tanult. Munkácsy, ha meglátogatott, sohasem akarta őket észre venni. Mindig azt mondta rájuk: nem látok semmit! Igen hiányos megoldásuaknak, „kevéssel csináltaknak" találta e rajzokat, mig én és környezetem sokat tudtunk azoknak kevés, de mindig helyükön levő vonalaiból kiolvasni. És rajtuk bizonyult be később az is, hogy viszont az én kedves Pali bátyám, Szinyei Merse, ha hozzá jut, megbecsüli a kelet

53

müvészetét. E rajzok ketteje most az ő tulajdona. Egy
fehér gólyát és egy tornácon álló s lámpát tartó graciózus
japán nőalkalakot ábrázoló, két ily rajzot adtam neki,
azokat, melyeket legszebbeknek s legértékesebbeknek tar-
tottam. Maga mondja: nagyon megbecsüli őket. A párját
a fehér gólyának legutóbbi (1910) párisi utamon nagy
örömömre megtaláltam a Guimet-muzeumban. Bezzeg a
a tőle kapott Szinyei-féle Hintázókat én is féltő gonddal
őrzőm s kiállitásokra is, ha kérik, csak azért engedem át,
mert tudom, hogy mesterük nagy művészi sikereket arat
vele. Érthető, hogy a két különböző módon modern
naturalista művész, Munkácsy és Szinyei, a régi japán
stiliszta munkáját más-más szemmel nézi.

De térjünk vissza a neuilly-i kis szobákba.

Itt, Neuilly-ben festettem „fekete" képeim sorozatát. Nem
mintha feketének láttam volna a dolgokat, hanem mert a
feketéből kiindulva akartam azokat megfesteni. Az a meg-
győződés támogatott ebben, hogy az ily festésnek épp
ugy jogosultsága van, mint a lila, kék vagy más szinből
kiinduló s abban megoldott festésnek. A fekete és szürke
szin akkor nagyon érdekelt, s izgatott a kérdés, hogy mit
és hogyan lehet velök művészileg megoldani. Szóval e
két szinnel igyekeztem a motivumaimat interpretálni. A most
erősen szines képeimen annyira szembeötlő konturvonalak
tehát megvannak már a „fekete" képeken is s hogy rajtuk
nem mindig oly szembeötlők, annak egyszerü oka az,
hogy azokat nagyobb sötét területek természetszerüen elta-
karják. Nem a rajz fogyatékosságai tehát ezek, aminőket
bennük némelyek kerestek, hanem egyszerüen a metódus
természetes folyományai.

Ebből a sorozatból valók a Durand-Ruelnél társaságom
tagjainak műveivel együtt kiállitott képeim. A kiállitók
közt Maurice *Denis, Vuillard, Valloton, Bonnard, Ranson,
Seruzier, Bernard, Filiger, X. Roussel, Rysselberghe, Cross,
Signac, Luce, Rochefaucauld* és más festők és *Minne* belga
szobrász szerepeltek. *Maillol* még nem tartozott a társa-
ságba. A kiállitást a kritika jól fogadta s a többiek szines

Mon cher ami

Votre lettre est arrivée a Banyuls le même jour que moi et m'a causé un vif plaisir — vous faites bien de vous tranquilliser a mon sujet. Je suis toujours votre meilleur ami — Je regrette toujours que vous soyez si loin — vous ne me donnez pas espoir de vous revoir. C'est tout de même pas très bon a vous de quitter Paris pour toujours — voulez vous donc ramasser trop d'argent? Je crois plutôt que vous êtes heureux d'avoir une maison a vous — Si vous n'étiez pas si loin je viendrais vous voir mais vraiment je ne vois pas cela possible — cette année j'ai fait mon vin j'en aurai pour boire — le pays est toujours très beau — un beau soleil tout l'hiver. mais j'y ai toujours des rhumatismes depuis que j'ai

travaillé dans une cave de
la maison Vollard — nous avons
reçu de vous une carte postale
d'un pays très curieux — Lucien
a trouvé que c'était un triste pays
    Je voudrais bien pouvoir vous
montrer mes travaux et voir
les vôtres — vous avez bien fait
de m'envoyer une photographie de
votre maison — je vous enverrai un
dessin de la mienne cet été — elle
est très bien placée dans les
arbres pleins de fruits — nous avons
fait beaucoup de confitures — et
l'année prochaine je compte devenir
tout à fait jardinier — car les affaires
d'art ne vont plus — personne
n'achète — mais en cultivant
mon jardin nous n'aurons plus
besoin d'argent que pour acheter
du pain —
    Mon ami on vous a trompé
quand on vous a dit que Denis

ne faisait que de la peinture religieuse
et fait beaucoup de nu. et des
intérieurs de famille. — Toujours
aussi artiste et plein de charme
ce qu'on peut dire seulement c'est
qu'il varie — et que sa manière
de peindre devient plustot
nature et plus modelée voila
tout — nos autres amis travaillent
beaucoup et restent toujours de
beaux artistes peu soucieux
du commerce — nous parlons
souvent de vous et on regrette
que vous soyez si loin

mais loin ou près vous serez
toujours celui auquel je pense
paternellement et à travers
les montagnes je vous tends une

main amicale

Dites à Renoble qu'il
pense toujours à moi. Donnez
lui une bonne poignée de main
dites lui pourquoi il n'aime
pas les voyages il pourrait
bien venir par ici

Bien des choses de ma
femme à Lazanne — elle
a toujours l'intention de lui
donner mais comme vous voyez
c'est long

Nous vous embrassons
de tout cœur
vos
amis
Aristide et Clotilde Maillol

Banyuls sur mer

képei között feltüntek az én „feketéim", melyek közül például *Geffroy*, a Goncourt-akadémia tagja, különösen a Kis korcsmám sok butéliás üvegét dicsérte ritkitott betükkel az ujságjában, ugyanazt, melyet később itthon persze a legélesebben lekritizáltak. Ebből a sorozatból való, az elsők közül „Öreganyám" s az utolsók közül „Apám és anyám 40 éves házasság után" cimü nagyobb festményem, melyet Kaposváron, szüleim meglátogatása alkalmával, 1897-ben festettem. A „Szajna éjjel" köztük időrendben a szintén jellemző összekötő kapocs. (Azért sorolom fel itt-ott képeim cimeit, mert nem szoktam rájuk évszámokat irni s ha netalán valaki kiváncsi lenne kutatásaimnak képekben leszürődő fázisaira, igy talán könnyebben eligazódik.)

Neuilly-ből csalt el Maillol közelebbi hazájába, *Banyuls*-ba, melynek vidékét kivüle addig művészi célokra művész még egyáltalán nem aknázta ki, holott a legfestőibb vidékek közül való, melyeket valaha láttam. Itt csakhamar mindent szinesnek láttam, de még nem „naposnak". Itt festettem azokat a képeimet, amelyeknek religiózusan egyszerü, de egyuttal szines motivumai átmenetül kinálkoztak a „fekete" sorozattól a napos vagy ha ugy tetszik, harsogóan szines sorozathoz. A *tenger* intenziv kék szine inditott ki előbbi szándékaimból. Ez volt a forduló pont, innen datálódik mai felfogásom, buvárkodásaim mai állapota a pikturában. Az itteni tanulmányok, festések különösen arról győztek meg, hogy a képeket nemcsak egyszerre kell megfesteni, hanem a szinek erejét — különben nagyon egyszerü módon — fokozni kell.

Én az egyszerre-festés szépségében és erejében teljesen bizom. Fötörekvésem azért mindig az, hogy bármit, bármily méretben — már amint ez fizikailag lehetséges — egyszerre, mint piktor-nyelven mondani szokás : egy-ülésre fessek meg. Az igy készült kép festésmódja emlékeztet a virágra vagy gyümölcsre, amelyen még rajta van a hamva. Már rég meggyőződésem volt, hogy *igy kell* festeni, de meggyőződésemben még inkább megerősitett a régi olasz mesterek freskóinak tanulmányozása. Ezek is

— darabonként — egyszerre vannak festve. Ezért olyan nagymesterien frissek s még az illető művész többször átfestett saját olajfestményeinél is összehasonlithatatlanul szebbek.

Tudtommal, mig Párisban laktam, 1900-ig, az ujabb nemzedék müvészei között csak magam voltam, aki következetesen ily módon festett. Többen megpróbálták, de kivihetetlennek tartották s igy is, ugy is festettek. Csak legutóbbi párisi utam alkalmával (1910) vettem észre, hogy a fiatal művészek közt kezd szokássá válni a tisztább, ragyogóbb szinekkel s lehetőleg egyszerre való festés. Azt kell hinnem, hogy sokszor hangoztatott ebbeli nézeteimnek és a kiállitásokon bemutatott festményeimnek hatása nyilvánul e törekvésekben.

Az egyszerre-festés fogalmába az *egyenlő módon* való festésmódot is belefoglalom. Ez: a készülő mű minden részének egyforma stádiumban való tartása, illetőleg befejezése. Erős hitem, hogy csak igy lehet jó pikturát csinálni. igy lehet igazán komplet dolgokat festeni. Több, mint husz, éve, hogy ebben a szellemben dolgozom s kivétel nélkül minden rajzom, festményem ily módon készül. Bármint kritizálták különben műveimet, azok frisseségükkel mindig kitüntek a kiállitásokon s ezt az itt jelzett eljárásnak köszönhetem.

Banyulsi természettanulmányaim, mondom, arról győztek meg, hogy nem elég az „egyszerre-festés", a vászonnak vastagabb vagy vékonyabb szinnel való bedörzsölése, a rajznak szinnel való betöltése, nem elég a valeur, hanem épp oly fontos, sőt fontosabb, hogy a *szinek erejének fokozását* megtanuljuk, s ezt a látszólag csak technikai tudományt, de tulajdonképp a művészi előadásnak egy oly módját, mely a festést magasabb rangu művészetté teszi, a készülő műbe feltétlenül beleadjuk. Iskolában nem lehet azt tanulni, mástól nem lehet elsajátitani, megmondani is nehéz, hogy mi az, s noha itt-ott a régibb, különösen a primitiv mestereknél s leginkább néhány freskófestőnél rá lehetne valami hasonlóra mutatni, de az ember mégis csak *magá-*

től talál rá a saját, mindig ujat próbálgató, kutatgató festegetése közben. Mikor már megvan, oly egyszerünek tetszik, mint a Kolumbusz tojása. Azóta, hogy rátaláltam, én már nem tudok az „aláfestésről", nem törödöm azzal, hogy ilyen vagy olyan szinü alapon ilyen vagy olyan meleg vagy hideg lesz ez vagy az a szin. *El kell dobni a mástól, bárkitől tanult technikai elméleteket* s a lehető *legegyszerübbre* kell redukálni magát a technikát. Abból áll ez, hogy *szineket egymásra* semmi körülmények közt *nem* rakunk. Minden szin megvan a tubusban, csak ki kell venni belöle s ugy ahogy van — mindig gondosan törödve az egységes stilussal —, csak rá kell tenni a vászonra. De oda, ahova való! De ugy, hogy ott maradhasson! És ugy maradhasson ott, amint odatettük! Ha mégis szükség van a szinkeverésre : ennek még a palettán kell megtörténnie. A vászonon nem keverünk semmit : ez a szintüzesités negativ parancsa. Persze bizonyos harmonizálást, tónus néven emlegetett németes aprólékoskodást fel kell igy áldoznunk, de ki törödik ezzel, ha a fömelódia szép, a szinátmenet fentartásával a szinskála helyes, a stilus egyenletes? Sok mindent elérhetünk igy, ami a pikturában szép és jó. Ha magát a napfényt nem is tudjuk a maga erejében megfesteni, de a szinekre való hatását ily módon megközelithetjük. Bármely nagyobb dekorativ feladatra lehet ezzel az egyszerüsitő módszerrel vállalkozni. Sötét vagy világos helyre szükséges az a dekorativ festmény : ezen a módon egyaránt megoldható a feladat. A Nemes Marcell tulajdonában levő néhány ilyen stilusu képem, ugy vettem észre, legutóbb a berlini Secesszióban is megtette hatását. Az imént ismertetett módon, friss, tiszta, erőteljes fakturával vannak festve. — A szinharsogást nyilván mai kedélyhangulatom követeli tőlem. Környezetem most ilyen, tehát ilyen irányban hat az is reám. Ilyen szinek vesznek körül bennünket ujabb kaposvári házamban s kertjében. Igen megszerettem a skarlátvörös zsálya s a piros szimpla muskátli mellett a tiszta-fehér szinü virágokat, de még jobban a chrómsárga cyniákat. Ennél a sárgánál melegebb, hogy ne mondjam, forróbb szint nem ismerek. Ezeket a szineket keresem most, szinte gyüjtöm, lakásomban is, tárgyakon, kendőkön, falakon. A falak szinei közt is ezt az egészen világos sárgát szeretem legjobban: az egyik oldalán csupa-ablak műhelyem falai is ezzel vannak befestve, sőt még ilyen szobában alszom is. Ez a sok szin azután természetesen odakerül a képeimre. És nem is hiszem, hogy mai napság sok festő akad, aki ily szinesen fest. Bárcsak egészen megszeretné az ifjabb nemzedék és ezt a festést kultiválná, nem feledve természetesen a vonalak, formák fontosságát. A hajlam erősen látszik is már benne és már is öröm elképzelni, mennyivel vigabb lesz egy-egy kiállitásnak a képe, amikor majd a szinek tobzódása, nem bánom, ha akár buja orgiája tárul benne a szemünk elé

Hiszen lehet a kép jó, ha másképp van is festve, különösen, ha jóizlésü művész festi, lehet jó a „fekete" is, de bizonyos, hogy sohasem hat oly fiatalnak, oly erőteljesnek, mint az ilyen dekorativ hatásu, kellemes virágszinekből összeállitott kép. — Megvallom, a legbensőbb inditóokokkal nem vagyok egészen tisztában, nem is kutatom azokat. Lehet, hogy csak tulraffináltságból ered ez, lehet, hogy velejár a korral s az ember — élete delének végén — sokat látott s tán kifáradt szemével öntudatlanul is keresi a felfrissülést s ezt a szingazdagságban találja meg; bizonyos azonban, hogy egy-egy ily kép festése reveláció számba megy és jóérzést kelt az ember lelkében. Bármily okból keresem azonban *csak* szép és egymást vagy kiegészitő, vagy egymással ugyan ellentétes, de egymást elbiró szineket, örömmel konstatálom, hogy idáig jutottam. És felfrissülve — ujra és ujra — nagy kedvvel festek. Festek, de irni — mint elől jeleztem — immár bizonyos, hogy nem tudok: emlékezést igértem s a mult időkből mégis minduntalan idezökkenek a jelenbe . . .

Neuillyből többször alkalmam nyilt *Wiesbadenbe* menni skót barátom anyjához. Itt csináltam pehelykönnyü üvegeimet, amelyek kiindulásul kivántak szolgálni az Andrássy-féle ebédlőm asztaldiszéhez. És ezek kerültek is kivitelre, noha a gróf eleinte ellenezte terveimet, mert nem tartotta őket „a gyakorlati életben" használhatóknak. Mégis ezek szerint készültek a használatra alkalmas üvegpoharak s bizony magamnak is kedvem telt bennök.

Neuillyből 1895-ben hazalátogatva, egy kis kiállítást, a Budapesten legelső kollektiv kiállítást rendeztem néhai *Sima* Ferenc képviselő lakásán. Ő, a rettenthetetlen demagóg, de öszinte és szives jóbarát, átengedte e célra budapesti lakását. Itt ismerkedtem meg az *Andrássyakkal.* Egy pasztellképemet, a Leát, meg is vették s nyilván ez a kép inditotta Tivadar grófot, a disztingvált izlésü nagyurat arra, hogy meghivjon terebesi kastélyába: ugyancsak pasztellel megfesteni feleségét, a grófnét. Később bátyjáról, Gyuláról is festettem egy nagy képet: a nagy Andrássy régi nagy karosszékében ülő alakját a későbbi belügyminiszternek.

Ritkán fogtam még „azonnal" festéshez, ha képet akartam csinálni. („Egyszerre-festésem" fogalma is tulajdonképpen csak magát a festés tényét, a fizikai munkát fedi.) Ezt a munkát a tisztán lélekbeli, a „tanulmányozás" előzi meg, leggyakrabban minden rajzolgatás nélkül, de néha rajzolgatással, a dolgoknak már papiroson való keresésével. Mindaddig, mig kivülről tudom, látom, milyen lesz a kép. Amikor tehát a pemzlit kezembe fogom, vagy a pasztelles skatulyát kinyitom, akkor a modell már tulajdonképpen csak mint emlékezetem vagy impresszióm támogatója, az esetleges tévedéseknek korrektora szerepel. Lassu, legalább a lefestendő s talán már türelmetlenül várakozó ember szemében lassu folyamat ez s annál inkább ilyennek hat, mert gyakran észre sem veszi, hogy a festés szempontjából állandóan figyelem minden mozdulatát, összes szokásait, egész életmódját. Bizony sokáig elhuzódik néha ez a folyamat, kivált ha egész mivoltukban is érdekelnek azok az emberek, kiket lefesteni akarok. Andrássy grófnál is elég idő maradt gyakori gondolatcserére, vitatkozásokra: művészetről, iparművészetről, irodalomról. A gróf, ugylátszik, alapvonalaiban akceptálta izlésemet, mert gyakran emlegette, hogy valami hivatalos állásban szeretne látni, ahol az iparművészet irányításában aktiv részt vehetnék, de bizonyos, hogy a vitatkozások eredményeként a maga számára jó időre lefoglalta ipari feldolgozásra szánt gondolataimat, érzéseimet. Budai palotája ebédlőjének berendezését bizta rám: a tervezést s a munka felügyeletét. Sokat leveleztünk, a gróf Budapestről, én Párisból, mig a dolog megindult. Az iparosoknak is uj volt ez: szokatlan, hogy egy kézből kerül ki egy *egész berendezés* terve. Nálunk ezt még nem próbálták. Ha kinn Van de Velde kisérletezett is, még nem jutott népszerüségre. Az iparosnak furcsa volt, hogy szinte minden gyalulökését, üvegdarab-összeillesztését más valaki diktálja, a legapróbb részletekig másképp kell azt csinálni, mint ahogy szokta. És olyan valaki diktál, aki maga nem is ért a gyaluláshoz vagy az üvegdarabok összeillesztéséhez és nem hiszi el, hogy az az általa kivánt üvegdarab nem létezik s nem akar semmi áron beleegyezni, hogy egy másféle — nem más szinü, csak más felületü vagy vastagságu — üvegdarab kerüljön az illető ablakrészbe. Az összeütközések elmaradhatlanok voltak: *Thék* Endrével például, akit különben mint hasznos és kiváló nagyiparost mindig elismertem, ugy összevesztünk, hogy egymást a sárga földig lerántottuk. De mindegy: elértem, amire törekedtem. A többi mind mellékes: hogy nyilvánosan kellett a berendezés egyes részeinek kiállitása alkalmával arról polemizálnom, hogy — ha már kitüntetést adnak — az elsősorban a tervezőknek s nem a tervet végrehajtó iparosoknak jár; hogy még olyan intelligens elme is, mint a *Gelléri* Móré, ellenem, a tervező művész ellen támadt a munka technikai részét teljesitőnek a védelmére: az már mind nem volt baj. Kiki jár a maga utján: ők azóta királyi, vagy udvari, vagy — mit tudom én — szentszéki tanácsosok, én meg azóta — nem igen tervezek ebédlőket. Pedig mindig vágytam ilyesmire és főleg a *festészetben* vágytam a nagy területekre, melyeken éppen az én festésmódom volna a helyén. Hiszen éppen ez a festés az, mely a legkorszerübb volna a monumentális épületek belsejében, — ha persze a monumentális épületeket a kor

szellemében épitenék. De épitészeink közt is még mindig dul a régi stilusokon való rágódás hibája. A Krisztus előtti századok rég eltemetett szellemét s a későbbi, nekünk teljesen idegen korok izlését kérődzik vissza, ahelyett, hogy a jelen karakterisztikus észjárását és izlését hagynák épületeik külső és belső falain az utókorra, hogy oly festőket is foglalkoztatnának, kik a ma stilusát a legjellemzőbben dokumentálnák a ma épületein. De mégis — mintha pirkadna már a hajnal errefelé is: vannak uj, tehetséges épitészeink.

És itt eszembe jut még valami, az előbbihez hasonló, művészeti közéletünket máig is jellemző fogyatékosságunk. A *diplomatizálás* a kiállitások kiváló műveinek elismerésében. Nem megvetendő ügy ez, hiszen iró és szinész tapsról, piktor és szobrász éremről álmodik. (Már aki szereti, — én inkább megijednék tőle, mert ugy fogom fel, hogy a köztetszés — pedig igazság szerint ez adná az „érmeket" — tulajdonképpen az egyéniség, a különvalóság végét jelzi.) Az első kettő, iró és szinész, könnyebben boldogul az álmokkal: ha jó, olvassák, tapsolják; ha rossz, félre dobják, kifütyölik, de mindenesetre a nagy nyilvánosság dönti el sikerét vagy bukását. A képzőművészről azonban csak néhány ember, az ugynevezett bizottságok — „szavaznak". Hogy hogyan szavaznak: erről mondok egy példát.

1900-ban, abban az évben, mikor Franciaországot elhagytam, volt Párisban a nagy nemzetközi művészeti kiállitás. Kettős szomoruság ért bennünket akkor, a kiállitás megnyitása napján halt meg Munkácsy és a kiállitás magyar része is egy képtemetőnek hatott. A miénk volt az egész kiállitásnak legrosszabb, legművészietlenebb része. Idősebb művészeink, *Szinyei* Mersén kivül, mind rosszul voltak képviselve, még a nagytehetségü *Székely* Bertalan is. A horvátok egészitették ki még gyengébb dolgokkal, talán, hogy mint rossz kiállitás még komplétebb legyen. Ekkor utáltam meg először az együttes kiállitást, mert ott tünt fel nekem a legtöbb igazságtalanság. Egyebek közt ugyanaz, ami miatt egy évtizeddel azelőtt *Bouguerau és Meissonier* összekülönböztek:

63

a kiosztott kitüntetések igazságtalan odaitélése. Itt diplomatizálták ki *Ráth* György és *Fittler* Kamill a kitüntetéseket olyan művek számára, melyeket nem akart észrevenni a zsüri, mig meg nem mondták, hogy alkotójukat kinek tartják *otthon* az emberek. Olyanokat nyomtak ezzel hátra, akiket a bizottság jobbaknak talált, köztük, tudom, Csókot és Lászlót. Bizony egész másképp ütött volna ki az eredmény, ha szabadon nyilatkozhatik a zsüri véleménye. De győzelemre jutott az *itthon* főzött s a párisi dinereken feltálalt terv: a *hivatalos nagysdgok* minden előtt!

Egyáltalán a mi külföldre való vándorlásaink mindenkor a legémelygősebb érzések kutforrásai. Sohse vonulunk ki megfelelő kiállitási anyaggal. Sok-sok hiábavaló dolgot viszünk ki, ahelyett, hogy szerényebb méretü, de jól megválogatott kollekciókat mutatnánk be, amelyeknek minden darabja művészi dolog. Nem szimpatikusak e kirándulásaink már a rendezők, a nagy „megbizottak" miatt sem. Akiknek három a legfőbb gondjuk: szerepelni, szerepelni és szerepelni. Banketteken a félkirályok mellé kerülni. Fogadni és fogadtatni. Szóvirágos, de üres, mindig ugyanarra a kaptafára készült tósztjaikat el-elismételni. Kidiplomatizált kitüntetésekkel, megrendelt kritikákkal s egyéb jóhirekkel ámitani másokat és magukat. Főleg magukat és — mindaddig, mig ugy nem járnak, mint valaki a *Lengyel* Menyhért darabjában, aki Krisztusnak adta ki magát a vadak közt: addig adta, mig végre maga is hitt a saját Megváltó voltában.

PÁR SZÓ EGY NAGY MŰVÉSZRŐL

A MARSMEZEI SZALÓN MEGALAKULÁSA. PUVIS
DE CHAVANNES. KÖZÉLETI IZGALMAK. ZOLA AZ
UJ MŰVÉSZETRŐL. KÉPAKASZTÁS.

Külső körülmények, a párisi művészi élet körülményei is
hozzájárultak magambatérésem serkentéséhez. Különösen
nagy előnyöm és számos más, modern gondolkodásu
művésznek is nagy előnye fakadt abból a tényből, amit ez
irásokban másutt is emlitek, hogy az 1889-iki párisi nemzet-
közi kiállitás alkalmával, a kitüntetések helytelen szétosztása
miatt *Bouguerau* és *Meissonier* összekülönböztek és akarva
nem akarva szétváltak. Ez a szétválás a *Société Nationale
des Beaux Arts* megalakulását eredményezte. Mi, fiatalok,
sokan, akik a régi Szalón kottériáival épp ugy elégedet-
lenek voltunk, mint a nálunknál sokkal jelentősebb francia
művészek egész sorra, — melyből a *Puvis de Chavannes,
Besnard, Dagnan - Bouveret, Carolus-Duran, Roll, Helleu,
Boldini, Cazin, Dalou, Bourdelle* neveket talán elég emli-
tenem, — Meissonier elnöksége alatt ebben az elhelyezé-
sénél fogva Marsmezei Szalónnak nevezett ujabb kiállitási
helyiségben igyekeztünk érvényesülni. És valóban szükség
volt erre a csoportosulásra, mert a magamfajta, kezdő,
akkor alig ismert emberekről nem is szólva, olyanok voltak
akkor a viszonyok, a régi Szalón hatalmasai annyira benn
ültek a nyeregben, hogy még olyan ember is, mint *Puvis
de Chavannes,* csak itt tudott szóhoz jutni. Azokat a klasz-
szikusan szép, nagy dekorativ panneaux-it, melyekkel oly
nagy művészi sikereket ért el, hogy később, Meissonier
halála után őt ültették az elnöki székbe, itt tudta bemutatni.
Itt és igy jutott a megérdemelt méltányláshoz ez az előbb
meghurcolt, kicsufolt, a kleinermóricságig degradált nagy
francia művész, kit aztán az egész művészileg művelt világ

nemcsak hogy ilyenek elismert, de sokan még ilyennél is nagyobbnak, a legnagyobbnak taksálnak; kinek pantheonbeli Genovévájáról vagy a városházbeli Tél képéről legendákat csináltak azóta. Rodin is csak a marsmezei szalónban tudott zöld ágra vergődni.

De talán maradjunk még egy pillanatig *Puvis*-nél, az egyszerüen élő, szépen gondolkodó, gazdagnak született, de szerény arisztokratánál, az ujabb dekorativ festészet legnagyobb mesterénél. Soha nagyobb tiszteletben művészt nem tartottak, mint őt, elismertetésétől számitva. De nem kell elfelejteni, hogy a hatvanas éveket gázolta már, mikor a nap nemcsak *Bouguereau*-ra, *Lefébvre*-re, Jean Paul *Laurens*-ra, *Falguière*-re, hanem reá is melegen kezdett sütni. Elérte emberi vágyai netovábbját is, de ezt már a lehető legkésöbben : élete alkonyán elvett egy ideálisan gondolkodó, hozzá méltó asszonyt, egy román grófnőt. Halálával pedig egy gyönyörü könyv záródott le. Meg vagyok győződve, hogy müveit, melyek közt egyik legszebb alkotása a „Szegény halász", *Giotto, Signorelli* és Beato *Angelico* müvei mellett fogják a mütörténet könyveibe bejegyezni.

Most is látom az öreg urat, amint sötét ruhában, magas, nyárspolgári cilinderben, többnyire másodmagával — egy belga nötanitványával —, mintha semmi dolga sem lenne, Munkácsy palotája előtt naponként elhalad. Megy ki neuilly-i puritán egyszerüségü műtermébe dolgozni — egész napra, semmi mást nem tenni, folyton csak dolgozni.

Tudtuk róla, hogy legtöbb fiatal modelljét nemcsak rajzolta, festette, hanem egészen barátságába fogadta ; szerette őket. Vagy inkább forditva : azokat a modelljeit tartotta tovább maga mellett, akikkel emberileg is tudott szimpatizálni, akiket megszeretett. Innen is magyarázható, hogy női képeinek arcába olyan szép kifejezést tudott önteni. A nőket a szerelem nemcsak érdekessé teszi, hanem meg is szépiti. A nő akkor szép igazán, ha boldog és akkor boldog, ha érzi, hogy szeretik. Talán ebből indult ki Puvis is és talán részben innen van, hogy ő maga is a boldog

ember képét mutatta — mindig megelégedettnek látszott. De művészetén is testtel-lélekkel csüngött. Ez volt az ő éltetője s azért nem csoda, hogy pirospozsgás egészségben érte meg a legszélsőbb emberi kort.

Egyszer, mikor arról volt szó, hogy több, részint Munkácsy háta mögött, gusztusom szerint, részint már Neuillyben készült dolgomat a marsi szalónban kiállitsam, felkerestem Puvist neuilly-i műtermében. De — azt mondta — itt nem fogad, itt csak dolgozik, hanem — legyek szives — látogassam meg a lakásában, még pedig — hajnalban. A Place Pigalle-on is volt egy kisebb műterme, itt lakott ugyanabban a házban, hol az osztrák *Jettel* és a cseh *Hynäis* is laktak. Hát felkerestem másnap reggel öt órakor. Szük folyosón, csunya kis barna ajtón Puvis de Chavannes névjegye. — Csengetek, kis vártatva egy ingben-gatyában jön ő maga és a legszeretetreméltóbb módon beereszt. Bemutat régi kedves, züllött megjelenésü barátjának, aki vörös bosnyák sipkával a fején és pipával a szájában ott ült a mester egy vázlata előtt. Mr. le graveur Marcel *Desboutin* volt ez, akit Manet gyönyörü, egyszerü álló portréjáról már ismertem. Göndörhaju, iszákos embernek látszó, vizes, vagy inkább pálinkás bajszu-szakállu bohém bácsi volt ez a Desboutin, különben igen eredeti tehetség mint grafikus, csak egy kissé elzüllött a montmartrei lebujokban. De nehogy azt higyje valaki, hogy Puvis együtt járt vele az ilyen lebujokba. Az öreg bohém épp azért járt minduntalan a mesterhez — és mindig hajnalban —, mert a mester nem járt sehova, már reggel kisétált Neuilly-be, munkába állt s este szolid módon hazatért. Desboutin volt neki a hirmondója, aki a mester öltözködése közben szokta elbeszélni, mi ujság Bohémiában s leleplezte előtte az intrikákat, kottériákat. Végre Puvis is elkészült a toilettejével, jól kikefélt szakállal hozzánk jött s ő is nézegette a magammal vitt, többnyire konturos kis rajzaimat, festményeket, aktokat. Tetszettek neki, de azt tanácsolta, hogy inkább az Independents Szalónjában, mint az ő elnöksége alatt álló Marsmezei Szalónban állitsam ki azokat. Ugyanezt a véleményt hangoztatta Desboutin is s én egy kissé máig is sajnálom, hogy nem fogadtam nekik szót. Ennek volt a következménye, hogy a Marsmezei Szalónba küldött, még ott is „tulságosan ujszerüen" ható több müvemből csak kettőt állitottak ki. Pedig nem mondhatnám, hogy eleinte tulságosan válogatósak voltak. Nem is lehettek, hiszen szükségük volt nemcsak művészi, hanem számbeli és anyagi gyarapodásra is. Söt az egyik mézesmadzaguk épp az volt, hogy egész sorozatnyi müvet is kiállitottak egyes művészektől, mert a szétválás támasztotta helyzetet a kiállitások révén is igyekeztek kiaknázni. Át is tértek sokan a régiből az uj Szalónba. Több ezer kép, szobor és egyéb mütárgy került már első izben is kiállitásra. Az objets d'arts-nak is juttattak helyet, amivel jóformán hivatalosan is megkezdődött az uj korszak. Szépen prosperált, hatása másutt is megnyilvánult: két év mulva már Münchenben is megalakult a szecesszió, ami, mint látjuk, párisi eredetü intézmény. A kizökkenés világitotta meg az elméket s ez a világosság reflektálódik az uj korszakon, melynek több értékes művésze immár halhatatlanná vált.

❖

A párisi élet gazdag volt akkor egyéb közéleti eseményekben is, melyeket a művésziek mintegy nyomon kisértek. Mennyire más, mennyire nagy város volt az a Páris más városokhoz képest! Ha csak arra gondolok vissza, hogy hány anarkistát itéltek el ott tartózkodásom idejében! Henryt, Vaillant-t, majd — igaz Lyonban — Carnot elnök agyonkéselőjét guillotinozzák le. Pranziniért tüvé tesznek mindent, Münchenből jövet, az avricourt-i állomáson, mialatt vonatom tovább robog, az én málhámat is összeturkálják, rajzaim között nyilván Pranzinit vagy kémet „igazoló" iratokat keresnek, de persze még a fináncszemek elől posztócsizmába rejtett virginia-szivarokat sem találják meg. Aztán jött a nagy Dreyfuss-botrány: sok-sok tinta folyt és izgatottság cserélt helyet izgatottsággal, mig a szegény ember ki nem szabadult. Csak azért emlitem ezeket, mert bennünket, forradalmi hangulatban levő művészeket is érdekeltek a közéleti izgalmak s hatottak reánk. Lázasan olvastuk a lapokat a kávéházakban. A Dreyfuss-ügyet érdekesen fejtegette a mi Revue Blanche-unk is, melybe Zola többször irt — sokszor felorditott az Igazságért. És — ezért kerestem ide a nevét — irt az uj művészet igazáért is. *Zola* szeretettel vette tolla alá az uj Marsmezei Szalón művészeit, kiket eleinte szalónostul együtt bojkottált a bourgoisie. Egyebek közt a Figaro egy vezércikke arról szólt, hogy az uj Szalónban is minden egyforma, egy edényből van festve, mint a régiben, csak az egyik az uj, lila szinben, a másik meg a kipróbált, jó barna szószban dolgozik. Zola nem értett egyet ezzel s kikéredzkedett belőle *Cézanne* korábbi instrukciója. Hosszasan és szépen, világosan, mindenki által érthető módon fejtegette, hogy nagyon téved a nagyközönség, ha elhiszi, hogy a marsmezeiek egyformán festenek, téved abban is, hogy a lila szinek jellemzik ezt a kiállitást. Azt mondta, az jellemzi, amit a nagyközönség művészi műveltség hiányában nem is láthat meg. A finom nuance-ok azok, amik itt értékesek s amik csak jártas szemekre appellálnak. Éppen ezek a finom, alig látható különbségek teszik nagyon változatossá és sok esetben individuálissá a kiállitást. Ez egyuttal azt is jelenti, hogy ahány képet, annyi művészt, annyi egyéniséget találunk itt, tehát épp ellenkezőleg, mint a régi Szalónban, ahol senki sem törekszik egyéniségre, amiért ez valóban ugy hat, mintha mindnyájan egy edényből dolgoznának: tanárok, tanitványok — akadémikusok. A finom különbségek adják meg a műnek erejét, hamvát, szépségét. Igaza volt Zolának akkor. Ez a művészcsoport igen sokat igért és valamelyest be is váltott. Sajnos, ma már ez is teljesen degenerált társaság.

Ebben az anarkistás időben égett le a „Charité" bódéja s benne sok szép, gazdag párisi asszony. Nekem is két uriasszony ismerősöm égett benne. Az egyiknek, Mme *De-Suze*-nek, Munkácsyné egyik barátnőjének, a dekoltált hátára zuhant s a tüdejéig égett be egy csomó forró kátrány, mégis elkinlódott még, szegény, másnapig. A rettenetes látványokon kivül, itt élénken emlékszem egy brusque szónoklatra, melyet „ez istencsapása tanulságaiul" a Notre Dames-ban mondott *Didon* atya, aki fenemód megostorozta a párisi asszonyok elfajult erkölcseit, melyekért még akkor is, ime, büntet az ég, mikor jótékonysági bazárban gyakorolják a tetszeni vágyást és a hóditási viszketegséget. Elmondanám az egészet, de talán elég lesz belőle annyi, hogy Mgr. Richard, Páris kardinálisa eltiltotta a pátert attól, hogy ebben a templomban, ahol a párisiak szinejava hallgatja a misét, máskor is szónokolhasson.

Izgalmak, mondom, voltak bőven a társadalmi életben is akkor, mikor mi művészek is, a művészetnek — bár békésebb — anarkistái, *leégni nem akarva*, elégedetlenkedtünk, forrongtunk. Nagyobbak, kisebbek egyaránt harciaskodtunk, ha egyébként nem, kávéházakban vitatkoztunk. Gyakran kis hija volt, hogy hajba nem kaptunk.

Mondok egy esetet a magam mérgelödéseiből.

Tessék elhinni, mindig van valami jogosultság abban, ha a piktor arról panaszkodik, hogy a képét *rosszul akasztották*, noha erről csaknem kivétel nélkül minden piktor s csaknem kivétel nélkül minden egyes képakasztás alkalmával panaszkodik és — még egy noha : noha majdnem bizonyos, hogy ha rábizzák az akasztást, akkor ő a saját képét a lehető legrosszabbul akasztja. A „jogosultság" itt épp oly természetes, mint ez a többrendbeli „noha". Mert kettő itt a bizonyos : az egyik az, hogy a kép más helyütt, más körülmények között, más levegöben készült, mint a milyenbe a kiállitás termében kerül; a másik az, hogy tehát semmi esetre sem hat ugyanugy itt, mint hatott keletkezésének cirkumstanciái között. Ha már most jónak érezte a művész a képét eredeti helyén s rosznak érzi azt ujabb helyén : tiszta sor, hogy nem is hibáztathat mást, hanemha az akasztást. Hogy jó képeket rossz akasztással mennyire tönkre lehet tenni és jóindulatu akasztással nagyon közepes nivóju képekkel is egészen tisztességes hatás érhető el,

70

arról nagyon sokat lehetne — és kellene is — irni, de itt csak jelezni kivántam, hogy nem kell mindig *csak* a művész rovására mosolyogni, mikor ez rossz képakasztásról beszél. Amikor panaszkodik róla, akkor tulajdonképpen mindig igaza van; amikor nagyon örül az akasztás módján és dicséri a kiállitás rendezőjét, akkor már inkább — gyanus. Egy ilyen akasztási affaire-om volt egyszer a Marsmezei Szalónban a kiállitás rendezőjével, az ifjabb *Dubuffe*-fel, aki gazdagsága révén jutott ebbe a társaságba. A többször emlitett „Öreganyám" cimü képemet, melyre féltékenyen sokat adok, rossz helyre akasztotta. Még nem nyilt meg akkor a kiállitás, mikor panaszomat hallva, *Duez, Jeanniot, Gandara, Montesquieu-Fesensac, Besnard,* kik képemet szerették és éppen jelen voltak, közbe léptek, hogy Dubuffe-fils akasztassa máshova képemet s ki is jelöltek számára egy megfelelő jó helyet, lenn az alsó sorban. A kép el is került helyéről, de nem a mondott helyre. És még ez se történt „ingyen". Mikor ugyanis a többiek távoztával hárman maradtunk a teremben, Jeanniot, Dubuffe és jómagam, Dubuffe-öt bántván a többiek előbbi közbelépése, most hetykén hencegett: mit akarok, mit akarnak egyáltalán a mai fiatalok, akik mindent tuloznak; mondjam meg, mondjuk meg, hol kezdődik és hol végződik a művészet? Ilyenkor jó a flegma, ér annyit, mint a korbács. Nagy flegmával azt feleltem Dubuffe-nek: „A művészet, uram, *Degas*nál kezdődik s önnél *végződik"*. Dubuffe egyike volt azoknak, kik ennek az akkor uj Szalónnak a pénzt szolgáltatták. Tehette, volt neki, a Szalón pedig nagyon is rászorult. Nem szabad figyelmen kivül hagyni, hogy az uj egyesületnek nemcsak tehetséges művészekre, hanem pénzre is volt szüksége: még nem tekintődött hivatalosnak és nem azt a bizonyos egy franknyi árendát fizette, mit a régi Szalón, hanem a kiállitás megnyitása napján közel negyvenezer frankot kellett ily cimen „leszurnia". Ilyen pénzügyi okoknál fogva került aztán bele Dubuffe-fils is, kinek anyagi javain kivül jól használható adminisztrativ tehetségei is voltak, *Montenard* is, a banális *Frappa* és néhány más vagyonos, tehetségtelen művész, akikre nem mint művészi tehetségekre, hanem mint áldozatkész jómódu emberekre volt szükségük Puviséknek.

És okosan tették, hogy befogadták őket: amint igaz, hogy szegénység a művész pátronusa, olyan igaz viszont az is, hogy pénz nélkül bajos művészetet csinálni. Mi több: a közönségnek magához az ujabb irányu, még teljesen népszerütlen művészethez való hozzászoktatása szempontjából is szükség volt az ily felemás művészeknek a kiállitásokon való szereplésére. Mintegy átmenetként szerepeltek ők a régi s az uj Szalónban otthonos művészet között. A régibe (oda se nagyon) valók voltak tulajdonképpen, de emitt jelennek meg s igy közelebb hozzák tömegizlésü munkáikkal az uj emberekhez a közönséget. Paradokszonnak látszik, de ugy van, hogy a gyengéken, a kompromisszumos művészeken keresztül barátkozik meg lassan a közönség az erősekkel, a jókkal. Mert bételik rajtunk a német költő szava: Amit az ember nem ért, azt kineveti. Addig neveti, mig egyszer azon kapja magát, hogy amit előbb kinevetett, most arra esküszik!

Csakugyan: ezeknek a felemás művészeknek az első néhány évben volt ugynevezett népsikerük. Csakugyan: százával álltak ezek előtt a banális motivumu, rosszul festett képek előtt a párisi nyárspolgárok, mig ugyanakkor Puvis nagy Tél-je előtt csak ugy lézengtek az értőbb látogatók. Még sokan ki is figurázták.

De az nevet jól, ki a végén nevet: Puvist a fejlődöttebb izlés azóta igazolta.

JEGYZETEK MAI NIVÓKRÓL.

AZ EGYSZERRE-FESTÉS PRÓBÁLGATÁSA. A TOU-
LOUSE-LAUTREC-VUILLARD-DENIS-TÁRSASÁG.
KÖNYOMATOK, PLAKÁTOK, NYOMDÁK. EGY KRI-
TIKUS A TÁRSASÁGBAN.

Jeanniot, aki ezelőtt tizennyolc-husz évvel komoly mű-
vész számba ment, amit az is bizonyit, hogy Toulouse-
Lautrec nagyon szerette, hajlott az egyszerre-festés „gya-
korlati alkalmazása" felé. Épp mikor egyszer ennek előnyeit
magyarázgattam neki, közibénk toppan *Duéz,* aki szintén
jobbhirü festő volt akkor s kivel már előzőleg szintén sokat
vitatkoztam makacs feltevésem igaza felől és fülébe kiáltja
a siket Jeanniot-nak: ne higyjen „ennek a magyarnak",
telebeszéli a fejét, vele is ugy tett, ő is próbált „egyszerre"
festeni, de az lehetetlen — nem megy és igy tovább. De
Jeanniot hitt és legközelebb meg is festette — egyszerre,
teljesen az én elveim szerint festette azt a képét, mely
most a Luxembourg-galériában függ. Vele azóta csak egyszer
találkoztam, 1900-ban, a nemzetközi kiállitáson, mikor már
ismét feladta az előbb magáévá tett elveimet. A Rire cimü
tréfás lapnak dolgozott — másképpen. Megkérdeztem, miért
dolgozik most ily pongyola módon ő, akiben annyi tehetség
és izlés van? Mon cher — mondta —, il faut faire marchér
le pot au feu. Ez után már kevésbé érdeklődtem iránta.
De a többi öregebb marsmezeiek iránt is, Puvis kivételével,
egyre csökkent érdeklődésem.

Toulouse-Lautrec meglehetősen lump természetü ember
volt, sokat ivott, éjjelezett s igy én, aki nem szerettem az
éjjelezést, többnyire csak soirée-k korai óráiban beszélgettem
vele. Ilyenkor nem győzött eleget hivni *Ancourt* nyomdájába,
ahol ő mindennapos volt, litografálni. Az absynth-szag után
a nyomdaszagot szerette a legjobban. Sokat rajzolt kőre.

Kis vázlatkönyvébe rajzolgatta a kabarék hölgyeit és e rajzok után néhány, de karakterisztikus vonásból állitotta össze pompás műveit. Néhány vonal, gyönyörüen dekoráló szinekkel: ilyenek az ő jó művei. Ebben az időben Yvette Guilbert-t rajzolgatta, de azért, ha ritkábban is, festette a hires Goulut, a moulin-rouge-beli kánkántáncosnöt. Atelierjében láttam a másik hires ember, Aristide Bruant, a kabaret-énekes képmását is nagyban, nagy vörös kendővel a nyakán. Egy régibb Forain-rajzot is őrizgetett szeretettel. Utolsó találkozásom montmartre-i műtermében esett vele. Ojjé, mennyi absynthos üveg és pohár volt ott egy asztalon, mindjárt a bejáratnál! Két fiatal uriember — a másik az unokatestvére — feküdt egy baldachinos pamlagon, ahogy beléptem. Bohém vonás, hogy Lautrec be sem mutatott unokatestvérének s mégis, mint ő mondta, „egy korty" (mindig egy korty) absynth mellett egész délután elbeszélgettünk. Műterme tele volt állványnyal, rajtuk rajzok a plakátjai számára. Mielőtt együtt eltávoztunk volna műterméből, a két unokatestvér összemérte egymással a vivókardját. Furcsa látvány volt ez a testgyakorlatképp való mérkőzés: a görbe lábu, egy méternél alig magasabb Lautrec és a másik, rendkivül magas, sovány alak birkózása. Hozzá mindkettőjük szemüveget is viselt! Hiába, a nevetséges helyzetekben nincs embermélóság.

Némely fura emberi tulajdonságait nem tekintve, ez a Lautrec volt a legértékesebb művész a mi társaságunkban. Igen eredeti tehetség. Különösen az utca falainak izléses, művészi plakátokkal való diszitése volt az ő sajátja, érdeme. Azóta sincs hozzá fogható plakátcsináló litografusunk. A japán estampe-okkal vetekednek az övéi. Ha Chéret-nek tulajdonithatjuk a legegyszerübb eszközökkel előállitott plakátot, ugy Lautrec-é a tökéletesités érdeme. Művészi kvalitásban hasonlithatatlanul fölötte áll Chéret-nek.

Ebben az időben (1895 körül) más dekorativ hajlandóságu művészek is igyekeztek szép plakátokat késziteni: mindenfelé találkozhatunk litografáló fiatal művészekkel a nyomdákban. Különösen Ancourt-nál, ahol Villette is sokat s szép

eredménynyel dolgozott. Azután *Clot*-nál, ahol többen *Vollard*-nak csináltuk a nyomatainkat. Később a *Degas*-pasztellek könyomatai is itt készültek, bámulatos utánzatai az eredetieknek. Clot mostanában a legügyesebb könyomdász, pedig mikor én hozzá jártam köveimet rajzolni, az efajta művészi munkáról még kevés fogalma volt.

Ide Clot-hoz járt az én időmben a belga *De Feur* is, akit mi értékes embernek tartottunk, mert értett a litografáló mesterséghez.

Bonnard „Pezsgős asszonya" (citromsárga papiros, fekete naiv vonalakkal) a legszebbek közül való, melyek a plakátművészet terén egyáltalán készültek.

Grasset, ki sokat litografált s kinek határozott hajlama volt az ily dekorativ munkák, köztük templomablakok készitésére, már kevésbbé értékes.

Steinlen is litografált plakátokat, de ezek nem feleltek meg a plakát követelményeinek : képek, szép szines képek lettek a könyomatai.

Az emlitettek közt *Lautrec, Forain, Steinlein* dolgoztak legnagyobb tudással, de a párisi időzésem vége felé (1900.) feltünt *Capiello* nevü olasz fiu is megütötte a mértéket. — Komikus tárgyu szinész-rajzokat csinált. Szép és eredeti dolgok voltak s őt is a Revue Blanche kolportálta és tette nevessé.

Azóta, azt hiszem, valami nagyszabásu tehetség nem mutatkozott a litografálás terén.

Ez a társaság, melyről az imént néhány sorban megemlékeztem, bizony e néhány sornál többet érdemelne, mert Chéret-vel az élén ez a megteremtője a több kővel készitett litografiának, az utca művészi plakátjának, az utca diszitésének.

1895 körül csinált társaságunk a két *Natanson* és Lucien *Mühlfeld* óhajtására a Revue Blanche-nak litografiákat, melyek egy külön füzetben is megjelentek. (Egy zöld lámpás mellett ülő nőalakom van benne.)

Itt még Valloton-t és a németek Pán-jának csirázását kell felemlitenem.

Valloton, az elfranciásodott svájci művész — ki festményeivel is nagyon feltünt és követökre talált ugy, hogy a társaság jelentősebb tagjaival együtt nem egy ujabb művésznek irányt szabott, azt az irányt, melynek most Matisse és Picasso a főképviselői — a 90-es években elsőrangu fametszeteket készitett. Ezek alapitották meg jó művészi hirnevét. Fehér-fekete fametszetei, melyek legnagyobb sikereit biztositották, a Berlinben Meier-Graefe és Julius Bierbaum szerkesztésében kiadott *Pan*-ban láttak világot. Kivüle társaságunktól még Lautrec lythója és Knowles rajza jenlentek meg e Pan-ban, melynek szerkesztésétől a szerkesztők kedvét hamarosan elvette a berlini művészek és irók intrikája. Ők lemondtak, igy az internacionális, szép művészi alapelv megbukott s a folyóiratból lett a „nehéz" izlésü német művészek Pánja. Rám nézve értéktelenné vált s nem is küldtem be még első ide szánt nagyobb litografiámat sem : egy hosszu empire-ruhás, nagykalapos, fiatal amerikai kislány rajzát.

Meier-Graefe akkor még fiatal, de nagyon talentumos iró és kritikus volt. Párisba jött s különösen eleinte Knowlessal és velem foglalkozott. Terve az volt, hogy Bierbaumot is odahozza Neuilly-be s épp a mi házunkba. Bierbaum azonban Münchenbe ment, megcsinálta a szép kiadásu, de, sajnos, rövid életü „Insel"-t. Ebben akarta kiadni Caroussel (Ringlispil) szines rajzsorozatomat, de az Insel is megbukott. Nagyon jóizlésü és előrehaladott készültségü művészlelket vesztettünk ebben az iróban a mult évben bekövetkezett halálakor. A veszteséget élénken éreztem én is, mert lelki kontaktus tartott össze bennünket, noha személyesen nem is ismertük egymást. — Mcier-Graefe pár évre rá, amikor mi Knowles barátommal Les Tombaux és Les vierges cimü könyveinket csináltuk, Bingnél volt alkalmazásban, a bibliofil dolgok kiállitása alkalmából, az uj Bing-házban, a L'Art Nouveaux-ban. Ez időben *Van de Velde* és *Eckmann* voltak kedvencei. Azt hiszem, azóta nagyon megváltozott az izlése, de változtak az emberek is. Sokat foglalkozott Signac-kal, Lautrec-kel, Gaugiun estampejaival. A német földijeit nem igen szerette, még Liebermannt és Köppinget sem. Talán az egyetlen Eckmannt, aki inkább iparművészettel foglalkozott, sőt később ennek tanára is volt haláláig. Igy álltak akkor az ő szemében a franciák és a németek. Azóta a németeknél is javultak az állapotok, Meier-Graefe is visszament Berlinbe és több könyvet adott ki. Vuillard, Bonnard művészetével csak 1898 felé kezdett szivesebben foglalkozni. Lanszirozta is öket: valószinüleg része van abban is, hogy Tschudy vásárolt egy Vuillard-képet a berlini galéria számára. Maillol-t is támogatta ilyenformán: Maillol-tól is válogattak több művet a németek. Meier-Graefe érdeme ez s Liebermann csak segitette ebben.

Vuillard és *Bonnard* különben — akárcsak Monet és Sisley — egymás nélkül alig fejlődtek volna ki: egymásra nagy szükségük volt. Vuillard művészete akkor volt legérdekesebb, mikor fekete-szürke-vörös-barna kis képeivel jelentkezett. Sok aprófoltos, stráfos, sötét, dekorativ hatásu képecskéje nagyon finom lelkü művészre vall. Bonnard valamivel szinesebb s mindig a kómikusabb, tréfás oldaláról fogta fel motivumait. Egyike a legszellemesebb francia művészeknek. Rajzai és illusztrációi is nagyon értékesek, erősek. Formára, észjárásra, művészetre igazi montmartre-i alak.

Cottet is, ki kezdetben szintén ehhez a társasághoz tartozott, nagyon értékes műveket alkotott fiatalabb éveiben. Ezek, Bretagne-ból hozott első dolgai, máig is a legjobbak, mindenesetre értékesebbek azoknál a későbbi munkáinál, melyekkel hiressé vált. Különös — vagy inkább természetes —, hogy az itt dicsért dolgait épp ugy, mint Vuillard, Bonnard Seruzier műveit, a Szalón kiállilásairól visszautasitották. Pálfordulása azonban megszerezte számára a külső sikereket. Nekünk nemtetsző képeket kezdett festeni s mi sem természetesebb, minthogy hamarosan bejutott a Luxembourg-képtárba. Kontaktusunk megszünt, elváltunk töle, illetőleg, amint a hirének szárnya nőtt, a hivatalos körök becézgetése és sok más, művészetére káros befolyás után, ő maga kivált társaságunkból és belépett abba a társaságba, amelyik évenként rendszeresen George Petit-nél rendez kiállitást. Abba a társaságba, mely szintén a Marsmezőn próbálgatta előbb a szárnyait és amelybe például Lucien Simon és Zuloaga is tartoztak, de amely később elvesztette maga alól az ideális talajt és inkább kommerciális eredményekre, olcsó sikerekre törekedve, a komolyabb, ideálisabb törekvésü és tehetségesebb művészek szemében hitelét is elvesztette. De — hogy végezzek Cottet-val — ha nem számitjuk ezt a hibáját, amelybe tulajdonképpen a rohanó ár sodorta: ő a régibb, elöbb emlitett müveivel, melyekkel pedig csak Barc-de-Bouteville mükereskedő helyiségében mert mutatkozni, örökre megalapitotta jó nevét. (A klubszerü, kisebb kiállitási helyek is, mint a „Cercle Volney", „Cercle Mirliton", mind silányabbakká lettek: kisebb és rosszabb ismétlései a nagy kiállitásoknak.)

Xavier Roussel kiváló kritikai képességü ember, kinek ma jól „fizetik" a képeit.

Ranson eleinte volt értékesebb, amikor az a bizonyos fehérrámás társaság szerepelt az Independents-kiállitásokon. Dekorativ tehetség: kigyódzó vonalai a legjellemzőbbek művészetére. Megváltozott. Festőiskolát (Académie Ranson) csinált, melyet most, halála után, felesége, a mi jó *Sérusier*-nkkel együttesen vezet s melyben Maillol is és az egész társaságnak Párisban és vidékén élő része professzoroskodik.

Sérusier-ről külön is meg kell állapitanunk, hogy következetes s a lehetőségig egyszerüsitett Gauguin-szellemben máig kitartott. Festése módjáról érdekes két feljegyezni való: hogy a festéket szereti régi mesterek módján maga előállitani és igen nagy sulyt fektet a kép méreteinek és térbeosztásának helyes megállapitására. És azok közül való, kik az ideális művészetért igazán, szinte az exaltációig lelkesednek. Róla beszéli Denis, hogy tulajdonképpen ő kutatta ki azt a kis, ezidő szerint Denis tulajdonában levő Gauguin-féle tájképet, mely eredetileg a Gauguinizmus terje-

dését eredményező lelkesedés forrása volt. Megfestett motivumai többnyire Bretagne-ból erednek.

Odilon *Redon*, ki mostanában a társaság seniora, szintén a Revue Blanche egyik müvésze volt, aki fantasztikus, misztikus virágképein kivül Flaubert Salambo-jának hatásos fametszet-illusztrációival jutott jó hirnévre. Emlitette egyszer, hogy a mi *Mednyánszky*-nkkal, fiatal korában, Fontainebleauban megismerkedett s érdekes filozofáló egyéniségnek találta öt.

Denis érdekes, finom művész. Fiatalabb korában is nagy falak festésére hivatott ember volt, aki vallásos motivumokat szeretett megfesteni. Aktjainak jellemző szine a lila, melyet talán Denis-szinnek nevezhetnénk. Egyik kiválóbb tagja társaságunknak. Ő festette meg különben Cézanne apoteózisát: az itt szóbanforgó fiatal művésztársaságot, amint a mester egy csendéletképét nézegeti. (Ez a csendélet ugyanaz, mely ezidő szerint a Szépművészeti Muzeum Nemes Marcell-kiállitásán látható.) Különösen azért is becsülöm Denis-t, mert Maillolt megértette, nagy művésznek, sőt legjobbak közül valónak tartja.

Maillol-ról már szóltam s még fogok is szólni, de meg kell még itt emlékeznünk egy akkor már elhunyt festőről, *Seurat*-ról. Az ő művei, uttörő irányu rajzai és festményei nyitják meg a pointillisták iskoláját. A napfoltok megfigyelője volt, kinek megfigyeléséből még a nagy Renoir is tanult. Bennünket nagyon érdekelt. Müveinek egy részét Felix *Féneon* birtokában láttam. Müvészetét *Signac* kompletirozta. A belga *Van Rysselberghe* csak epigon, Signacutánzó, sőt ma már nem is pointillista. *Cross* és *Luce* még most is azok, Signac barátai. Mind e pointillisták tulajdonképp nem tartoztak társaságunkba, csak a művészi szimpátia révén vendégeskedtek Duran-Ruelnél kiállitásunkon.

❖

Az itt elsorolt, néhány szóval jellemzett művészek mind a legideálisabban fogták fel a művészet fontosságát. Igazságuk győzött is, kevés kivétellel elismert emberekké lettek.

Az egész társaság hasznos szolgálatokat teljesített buvárkodásaival, intelligens művészi törekvéseivel a modern kulturának. Ők is azok közül valók, kiket a Revue Blanche artistes intelligentes néven nevezett. Csakugyan azok voltak, különösen Lautrec, Bonnard, Denis, Valloton és a finom izlésü poétalélek, X. Roussel, Vuillard — művészetüktől függetlenül is — rendkivül szellemes emberek. Akik meg tudták érteni és át tudták érezni például Verlaine költészetét, Mallarmé finomságait is. De műveik beszélnek legjobban mellettük.

Szólhatok-e magamról is, aki velük küzdöttem? Művészi intencióimról, kereséseimről, bajaimról, nyomoruságaimról, sikereimről, megkorbácsoltatásaimról? Külföldi és hazai keserves éveimről? A tüzpróbákon való keresztülesésemről, kitartásomról, arról a buzgalomról, mely mai helyzetemet eredményezte? Szólok egy keveset a következő „fejezetben".

NYAVALYGÁSOK VAGY SIKEREK?

MAGAMFŐZTE GULYÁSLEVES. A PEREIRA-FESTÉKEK ÉS KÉT KIÁLLITÁS. PANASZ A L'ART APPLIQUÉ KÖRÜL. EGY HIÁBAVALÓ KIRÁNDULÁS

Az eddig leirtakból látható, hogy a Munkácsy mellett töltött idő után én jó darab ideig magamban, később skót barátommal együtt, egyidejüleg dolgoztam. Ezt az időt — mintegy 16 évet — tartom a legértékesebbnek művészi munkálkodásomban. Ez az az idő, melyben teljesen átadtam magamat a legszebb gondolatoknak s a legideálisabban felfogott művészetnek. A szegénységgel járó sok baj, emberek kellemetlenkedése a háziurtól a grájzlerosig, a hazulról érkezett gáncsoskodásról szóló hirek : mindmegannyi ok volt arra, hogy még jobban összeszedjem magamat. Az önbizalom, az igazság érzete, jóizlésü barátom meleg érdeklődése és kitartásra, küzdésre való ösztönzése : mindenesetre nagy segitségemre voltak. Sokféle ember, művész is, iró is tévedt be hozzám, akikkel nem tudtam s akik viszont velem nem tudtak harmonizálni. Nem értettek, kinevettek, egészen bolondnak, vagy csak hóbortosnak, de legalább is feltünést hajszolónak gondoltak. Nagyon tisztán emlékszem, mikor egy, az akkori magyar művészi igényeknek nagyon is megfelelő hires magyar piktor a szemembe nevetett, mikor a „Kalitkás leány" és „Öreganyám" képeimet meglátta nálam.

Negyedszázada már, hogy művészi tevékenységem mint egy nyitott könyv van a közönség szeme előtt. De hát érdekel-e másokat is egy olyan *élet*, amilyen, ugy hiszem, keveseknek jutott -- ugy jóban, mint rosszban — osztályrészül? Magam is sokszor elcsudálkoztam, hogy hogyan lehetett azt keresztül élni a nagy idegenben, Münchenben, Párisban, jóformán minden kereset és egyéb pénzforrás nélkül, s igy élve nemcsak „megélni", hanem még igazi müvészetre is törekedni — és soha meg nem alkudni. Pedig nem egyszer történt, hogy pirulva magamnak vagy feleségemnek kellett hazacipelnem visszautasitott képeimet — akkor még nem is tudva, hogy ezek a képek a visszautasitást meg is érdemlették. És hányszor kellett korgó gyomorral a jóllakottat adnom, vagy hitelt szereznem azzal a taktikával, hogy — tudván: ugyse kapok — nem kértem senkitől kölcsönt! Ellenben, ha s ahogy tudtam, másokon segitettem. Ha mást nem, egy-egy rézkarcom árán meg-megbékéltettem a házbeli korcsmárost és zöldségárust, hogy barátaimnak, ha ugy vasárnaponként meglátogattak, legalább egy kis gulyást főzhessek. Főzhessek, mondom — „első személyben" —, mert Lazarine még akkor nem tudott gulyást főzni. Tudnak erről többen, ma jómódu és jónevü uriemberek, kik a Rue Legendre-beli mütermemben gyakran megfordultak: *Fodor* István udvari tanácsos, a budapesti nagy villamosvilágitási részvénytársaság igazgatója, ki akkor a párisi Edison-társaság fiatal mérnöke volt; *Tolnai,* akkor kishivatalnoka ugyanannak a párisi banknak, melynek most vezetőembere, tulajdonosa. *Korda* Dezső, aki szintén kicsinyből emelkedett azóta nagy állásba. Festőbarátaim közül az akkor még kezdő *Ferenczy* Károlynak, ki akkorában festette Kallós képmását, *Csók* Istvánnak, *Grünwald* Bélának volt részük az ilyen hazafelé emlékeztető gulyáslevesben, amelyre aztán a házbeli korcsmában literenként hetvenöt centime-ért vesztegetett francia „sillert" itták.

De a levegőben is volt valami, ami a jó utra téritett.

Megfordultam Bretagne-ban s 1892 máricus havában már első kollektiv kiállitásomat rendeztem a párisi Rue Babylonban. Számithattam rá, hogy anyagi sikere nem lesz, a költségek megtéritésére tehát kis lottót kellett rendeznem néhány kisebb képemmel. A szükséges hivatalos irásokon, emlékszem, Mérey Kajetán, a mostani római nagykövet, akkor párisi követségi titkár, tanuskodott. Zichy Tivadar grófnak, akkor követségi tanácsosnak is sokat köszöntem a kiállitás nyélbeütésénél. Ugynevezett erkölcsi sikere volt ennek a kiállitásnak. A párisi sajtó — kivétel nélkül — megmozdult s behatóan foglalkozott vele. Szép, napos délutánra esett a megnyitás. Elegáns asszonyok jöttek és művészek, irók. Magánfogatok hosszu sora állt az utcán, a „párisi gróf" egykori lakása (Palais Galiera), a magyar-osztrák nagykövetségi palota gyönyörü parkjának bejárata előtt. A szép fasoron kivül szép szobrok is voltak a kertben, igen szép képet vetitve a pavillonnak — a kiállitás helyiségének — tükrös nagy ajtajára. A pavillon maga is a legszebb, legkoketteb épület a maga nemében: alakja, szituációja bájos, belső megoldása — kandallókkal, tükrökkel, a delikát zöld és fehér faburkolat szineiből kiinduló harmóniájával — izléses. Kis Trianonnak neveztük el mi művészek. Galiera hercegnő ajándéka, a palota és kertje a pavillonnal: ez a kis darab magyar föld volt az, ahol harminc éves koromban impresszióimat, négy évi párisi kutatásaimnak eredményét, hatvan képet és stilizált rajzot, a párisi kritika elé állitottam. Talán inkább ennek az idegenben lévő kis magyar rögnek a szépsége, semmint bátorságom sarkalt a kiállitásra.

Az idea akkor fogamzott meg bennem, mikor *Pereira* báró ebben a pavillonban bemutatta tempera-enyvfestékeit. Érdekes művésztalálka volt ez: Pereira azért invitálta össze a párisi festőket, hogy a régiek „aláfestési" módjára kioktassa őket. Helyesebben: azt kivánta igazolni, hogy a régi mesterek aláfestési módját ő ujra feltalálta. A művészeket nyilván érdekelte a dolog, mert a legtöbb hivatásos művész meg is jelent a találkozón. Ott láttam *Carolus Durant*-t, *Besnard*-t, *Rixens*-t, *Duèz*-t, *Cazin*-t, *Puvis* de Chavannes-t és másokat. Ott a helyszinén mindjárt meg is probáltuk a Pereira-festéket. Rixens például ott nyomban elkezdte és befejezte Pereira portréját. Én is megpróbálkoztam e festékekkel, de nem tudtam velök bánni s azután sem használtam azokat soha. (Az én egyszerre-festésemnél különben nincs is értelme, mert a festés igy is — minden „aláfestés" nélkül — friss marad és soha semmi körülmények közt nem változik meg, ami magában is nagy előnye az egyszerre-festésnek.) E kiállitás alkalmával nem sokan, de olyanok, kik Párisban a jóizlésben most is vezetnek, elismerték törekvéseimet és jobb jövőt jósoltak. Ha ez elkövetkezett, csak a magam emberségéből, tántorithatatlan kitartásomból folyólag következhetett el. Hiszen Párisban is csak egy igen kis társaság kedvelte pikturámat, idehaza meg éppen semmi reménység nem kecsegtetett: a nagyfejüek részéről kinevetés, agyonkritizálás, soha semmi dij vagy elismerés, mindig csak mellőzés, visszautasitás, ez volt a részem — negyvenhatéves koromig, tehát 4 évvel ezelőttig. De nem desperáltam, nem törődtem vele, mit mond a kiállitás megnyitásakor képem előtt a legfelsőbb vélemény, mit szól hozzá a miniszter vagy Ráth György. Épp Ráth neve — melylyel inkább az azóta sem sokat változott rossz hivatalos izlést kivántam jelezni — talán azért tolul a tollam elé, mert tapisszériáimat épp ő szokta legjóizübben kinevetni, s éppen azokat, melyeket a legnagyobb odaadással, szeretettel, sajátossággal csináltam feleségem segitségével abban a nyirkos, butorozatlan szobában, mely Lajos Fülöp és d'Aumale herceg idejében, kik abban az öreg kastélyban nevelkedtek, kokett, szép hálószoba lehetett, de amelyben most a himzőszerszámokon s a szalmazsákon kivül alig volt egyéb holmi. Egy rosszul égő mécs „világa" mellett csináltuk az Ideálizmus és reálizmus cimü tapiszszériámat is, mely később az Iparművészeti Muzeum tulajdonába került, hogy végre (1907) a milanói kiállitáson elégjen. Az asszony a tüt öltögette a rajzom szerint, én meg részint kárpótlásul a vesződséges munkáért, részint hogy el ne aludjunk, emlékszem, Balzactól olvastam fel a Jézus Krisztust Flandriában.

Érvényesülésre itthon még nem is lehetett reményem, mikor már azt vettem észre, hogyitt is, ott is vetődnek felszinre uj nevek, fiatal festők, kiknek munkáiban a saját elveim

inkarnációját láttam. Anyagilag türhetően sikerült (József-
köruti, Royal- és Mercur-palotabeli s Nemzeti Szalónbeli)
kollektiv kiállitásaim eredményei sem biztattak: mindig az
az érzésem volt, hogy itt nálunk bajos lesz zöld ágra ver-
gődnöm. Minden alkalommal ujra prédikálni, elveimet ismer-
tetni, motivumaim értelmét, lényegét elmesélni — ettől már-
már elment a kedvem, mindez legalább is nem nekem való,
külön, fáradságos munkának tetszett. Végre, 1906-ban a
„Könyves Kálmán"-szalónban csinált kiállitásom ugy erköl-
csileg, mint anyagilag jóravaló sikerhez juttatott. Erős pró-
bája volt ez nemcsak pikturámnak, hanem annak is, hogy
fejlődött-e már nálunk odáig a müizlés, hogy müvészi
buvárkodásaim leszürődéseit akceptálja. Magamra ugy
hatott e kiállitás rendezésének már szándéka is, mint
(nem próbáltam, de sejtem) a hazárdjátékos utolsó kár-
tyája, melyre mindenét feltette. Emlékszem jól, a kiállitás
megnyitása előtt formális félelem fogott el: hátha még az
a kevés ember is megtagadja tőlem buvárkodásaim ered-
ményének elismerését, akik különben hiveim voltak. Hiszen
sokan nőttek fel mellettem olyanok, akiknek nagy volt
már a hatalmuk. De — csalódtam, s velem együtt
nagyon sokan csalódtak. Örülök, hogy például *Vaszary*
János is csalódott, aki még kevéssel azelőtt azzal vigasz-
talt, hogy most már ugyan nem disputálnak annyit pik-
turám felől, hanem azért itthon sohasem fognak elismerni,
állami vásárlásban s más hasonló jókban nem fognak
részesiteni, s hogy ez igy már végérvényesen el van
végezve. Az ilyen biztatásokhoz még aztán az az aggoda-
lomkeltő feltevés is járult, hogy a müvásárló közönség
helytelenül fogja fel az addig Budapesten teljesen ismeret-
len önkéntes müárverés mivoltát. Itt, különösen a bohém-
világban, eddig csak önkéntelen, „hivatalból" való árveré-
sek „tartattak". Önkéntes müárverés, pláne eleven müvész
képeinek árverése, csak ugy egyik szemmel nézve, némi
joggal kelthette azt a gyanut, hátha ez a müvész maga
sem becsüli sokra a müveit, ha azokat kész csak ugy el-
kótyavetyélni. Nos, lelkiismeretfurdalás és nagyzolás nél-

kül elmondhatom: az aukció erkölcsi és anyagi sikere arról győzött meg, hogy egy sereg ember izlése hajlik immár itthon is afelé az izlés felé, mely az én pikturámban dokumentálódik. Nem lehetetlen, hogy kiállitásom katalogusának „vallomása" is közelebb hozta hozzám a közönséget. Igy hangzott ez a rövid confiteor:

„Mostani gyüjteményes kiállitásomképanyagának nagyobb részét a legutóbbi három-négy év alatt festettem, rajzoltam. Ez idő javát szülővárosomban, Kaposvárott, kis fehér házamban töltöttem: képeim motivumai is innen valók tehát. Rövidebb, közbeneső olaszországi utamnak inkább csak lelki emlékei maradtak, főleg az, hogy a Masacciók, Fra Angelicók *egyszerre-festett* műveinek készitése módjában a magam módjához való hasonlóságot örömmel kellett konstatálnom. Ebben a nagy művészi óceánban azonban, kivált magában a természetben, annyi minden látnivalóm — uj dolog — akadt, hogy a megmunkálást egy más, hosszabb kirándulás alkalmára kellett halasztanom. Idehaza az intim élet adta meg az inspirációkat. A család, rokonság, ismerősök szokásait, életét figyeltem meg. Kisvárosi alakok, tipusok érdekeltek. Ezeket festettem a társadalom minden rétegéből. Engem nagyon érdekelnek a kőmüves, a tanár, a pap, a pintér, a suszter, az asztalos — mindmegannyi karakterkép. Mindegyik egy-egy külön világ. Egy-egy jellemző vonásuk van, mint a természeti tárgyaknak, kőnek, vasnak, fának. Szeretem bennük, hogy különböző vonásaik külsőleg is megnyilatkoznak, hogy hivatásuk, mesterségük, társadalmi mivoltuk már a formájukból, mozdulatukból kitetszik. Ezeket a jellemző formákat, vonalakat, mozdulatokat, szineket pemzlivégre, kréta alá fogni — ime a képeim."

És meglepett, hogy ennyien vásároltak, mert nem hittem, hogy ennyien vannak, akik megértik törekvéseimet.

De mit következtessek abból, hogy mig idehaza ezt csak most tapasztaltam, mig szülőföldem müértői csak néhány évvel ezelőtt kezdtek némi „elnézéssel kezelni", addig külföldön, Francia és Oroszországban, igaz, kisebb körben,

már 18 év óta érdeklődnek jóizlésü emberek a dolgaim iránt. Nem következtetek semmit, inkább elmondok egy-két idevágó esetet arról, hogy egy-egy elmosódott kis pasztelképem milyen örömet okozott néha egy-egy amatőrnek. Ez nekem ugy is jobban esik.

Bizonyos *Shiff* nevü gazdag amerikai öreg urról szólok, akit 1890 körül Párisban jóizlésü müvészkörökben nagyon jól ismertek. Aki a Hôtel Drouot falai közt szeretett időzni, mert azokon a hires árveréseken szebbnél-szebb és értékesnél értékesebb műkincseket szerzett magának, bámulatos kitartással és szenvedélylyel gyüjtvén régi és uj mesterműveket. Akinek a galériája már csak azért is ritkitotta párját, mert az öreg ur nem a szokott módon a falakat boritotta be a képekkel, — igaz, a hálószobájában igy is akasztott — hanem nagy termének a padlóján lefektetve ugy helyezte el azokat, mint a hogy kertben virágágyakat szoktak elhelyezni: utakat csinált közöttük, mintegy „fasorokat" alakitva szebbnél-szebb szobrokból. A virágok közt Bastien-Lepage és Manet képei épp ugy ott voltak, mint Holbeinéi és Rembrandtéi. Ilyen ember volt Shiff ur, azonkivül Saint-Marceau szobrász barátja is. Saint-Marceau kiállitáson látta dolgaimat s azt se tudva, ki vagyok, lelkesedéssel beszélt róluk s meg is veszi őket nyomban, ha már meg nem vette volna Vanier ur. Saint-Marceau nem nyugodott, kérdezősködött utánam s hasonló paszteleket kérve tőlem, meg is vette közülök az emlitett kettőt. Ezeket látta nála Shiff ur s ezek inspirálták őt, hogy kijőjjön a Boulevard Gouvion-St. Cyr-i kis lakásomra, ahol mindjárt rátette kezét három pasztelfejemre s elvitte őket lakására. Erre a furcsán szép lakásra, melyre pár hónap mulva az öreg ur hivására magam is ellátogattam. Hogy meglepett a kertszerü galéria, azt már emlitettem. Hogy aztán kérdeznem kellett, hol vannak a paszteljeim, — sem a „virágágyakban", sem a falakon nem látván őket, — az már rosszul esett, mert azt kellett hinnem, hogy csak egy jószivü mecenásra akadtam, aki — talán gazdag szobrászbarátja ajánlatára — csupán egy szegény fiun akart a képvétellel segiteni. De — még kora délelőtt s az öreg ur ágyban volt — zavarom láttára kihuzatta velem egyik szekrénye fiókját s ott találtam paszteljeimet. Keret s üveg nélkül szépen egymás mellett feküdtek mind a hárman. Arra a kérdésre aztán, hogy miért tartja őket igy itt a fiókban, azt felelte: csak magának, a maga gyönyörüségére vette őket és el is szokott velük beszélgetni, mert belelát a lelkükbe. Nézzem csak, mondta, azt a szőke haju „profil perdu"-t, milyen szép annak a füle, hajzatának eredete (naissance de cheveux) — oly bájosnak találja: nem mulik el reggel és estve, hogy ki ne huzná azt a fiókot és meg ne nézné ezeket a képeket.

Persze az ilyen öndicséret-illatu történetkéket vagy ki kellene innen hagynom, vagy illő módon pointiroznom. Nem, inkább mondok még egyet s abban inkább mást dicsérek.

Vándorlásai közben akad néha az ember jó emberekre is. A mellett, hogy amatőröm, egyuttal ilyen jó emberem volt *Botkine* Tódor, az orosz festő. Ha a skóton kivül még valakit igazán jóakaró barátomnak nevezhettem, ő valóban az volt. Nemes lélek, Krisztus-természetü, mindig készséges, állandóan szeretetreméltó, és, ami fő, gazdag létére egyszerü, majdnem puritán életmódu és — aminő oly ritkán adódik a gazdagok közt: szerény. Mintha az összes emberi erények összepontosultak volna benne. Talán az erényei miatt nem élhetett tovább *ebben* a társalomban, elméje megzavarodott s már 40 éves korában meghalt. Kár érte, talentumos festő volt. Szeretett s ezt a szeretetét, ugylátszik, átplántálta édesanyjába is. Engem legalább mindig mélyen meghatott az az asztal után való jelenet, mely barátom édesanyja között és köztem, valahányszor náluk voltam, lejátszódott. Ebéd vagy vacsora végén, melyre Botkine többször magához invitált, mikor szokás szerint kezet csókoltam anyjának, az öreg, tipikusan orosz fejü, hófehér haju, kanonoki magatartásu, nagy aranyláncos, feketeruhás matróna mindig megcsókolta a fejem bubját. Talán következménye volt ez a szeretetteljes bánásmód annak, hogy Botkine, a l'artiste en avant, a haladott izlésü ember, már akkor, a még ott, Párisban is disputa tárgyául szolgáló pikturámat nemcsak értette, de respektálta is. Bizony jó másfél évtizeddel előzte meg ebben a Könyves Kálmán aukció-közönségét. Hát a festék- és rámakereskedők! Egyszer jótévő angyalok, máskor ijesztő rémek ők a szegény művész életében. Hálás voltam a párisiak iránt, mert nagyon sokáig bizalommal hiteleztek. Megszagolták, hogy Saint-Marceau, Coquelin Cadet érdeklődnek irántam, Duéz-zel szorosabb ismeretségben vagyok, látták, hogy évenként kiállitok : vásznat, festéket, rámát annyit adtak, hogy szakadatlanul dolgozhattam. Ami egy „kereső" művészre nézve nagy dolog. Még nemrégiben is fizettem ilyen régi adósságokat. De azért egyszer ők is, a jó angyalok, megbicsakolták magukat és ijesztő rémekké váltak : felmondták a hitelt. Mit tegyek? Azt tettem, hogy ezt a hitelpangást jól kihasználtam a l'art appliqué terén, melynek egy részét, mint emlitettem, Maillol biztatására kezdtem. Tehát a festékkereskedőknek is indirekt része van abban, hogy egy ideig csaknem kizárólag az iparművészetnek éltem. És evés közben jön meg az étvágy : nemcsak a pikturámhoz stilusban közel eső szőnyegeket, hanem izlésemnek megfelő módon, tányérokat, üvegeket, butorokat is terveztem, ami ebben az időben nagyon feltünő, majdnem egyedülálló dolog volt. Társaim — igy Maillol is csak itt-ott csináltak legfeljebb keramiai dolgokat, mást nem. Maillol ebben is folyton Gauguin kerámikus fazekainak nyomán. Butorra egy sem gondolt, — pláne nem egy egész berendezésre. Párisban sem röpködtek — legalább akkor még nem — az olyanféle izlésü és vagyonu emberek, mint a megboldogult Andrássy Tivadar gróf. — Ki is mert volna látatlanra, minden példa nélkül ily vállalkozásba fogni ?

Az egyénileg megállapitott stiluson kivül nagy gondot forditottam e dolgokban az anyag jóságára. Jobbnak kell annak lennie, mint aminő a Maier-Graefe által már kolportált Henri Van de Velde-féle fekete és sárga butorok anyaga és összetákolt, selejtes megmunkálása volt! Modern felfogásu, egyszerü rajzu ilyen munkákat én csak elsőrendü anyagból s csak kiváló munkáskéztől készitettnek tudtam elképzelni. Ügyeltem is erre s hacsak tehettem, mellette álltam a munkásnak. Izlésünknek az ipar terén való meghonositása volt közvetlen a cél, hogy igy magunkat jó izlésre valló tárgyakkal vegyük körül. De szociális kérdésnek is tekintettük az ügyet, melynek megoldása nagyjelentöségü és szükséges. Az volt a hitünk, hogy hozzájárulhatunk az individuálisabb alapokra fektetendő társadalmi élet megalapitásához; jobb és szebb lesz az, ugy hittük, az akkori, régies, felforditott, összevissza-stilusu banális életviszonyoknál, melyben a mai embert a régibb formáju zavart, élettelen környezet veszi körül már a lakásában. Messze vezetne: értekezni itt az artisztikus berendezésü lakásnak és a léleknek, általában az életnek egymásra való kölcsönhatásáról, amiből, mint alapgondolatból, ez a marsmezei applikált művészet tulajdonképpen kiindult. Inkább rámutatok egy-két névre, egy-két tárgyra, melyek ott az elsö idökben e téren felvetődtek. Aztán, ha ugy tetszik, tovább panaszkodhatom.

Az első feltünöbb munkák *Carriéz* kerámiai művei voltak. Ugyanebbe az időbe, sőt talán valamivel korábbra esik *Gauguin* néhány fazeka, *Gallé* üvegei, *Maillol* tapisszériái, *Bonnard* spanyolfala, *Carabin* groteszk, faragott asztalai, *Ranson* szönyegei s himzései. Egy elég raffinált izlésröl tanuskodó ládát és ingaórát készitett gróf *Montesquieu-Fesensac, Gallé*-val: a láda szürke fából való, halvány hortensia virág berakással, az óránál a számok mellett cigányibolyák, uj s izléses dekoráció volt. Carriéz és Gauguin talán ki sem állitották emlitett műveiket. Én kiállitottam a magaméit s ujszerüségükkel feltünést is keltettek, elöbb tapisszériáim, melyeket feleségem segitségével Neuillyben s később üvegeim, melyeket Knowles barátom közremüködésével Wiesbadenben csináltam.

Itt kezdödött tehát iparművészeti munkálkodásom, mint emlitettem, egyrészt kereskedöi kicsinyes bizalmatlanság

okából s végződött szintén kicsinyes, kereskedői izlés és észjárás nyilvánulásai miatt, melyekkel végre is nem volt már kedvem küzködni. Hogy mily nehéz ott produkálni valami ujat, ahol minden ujszerü iránt ösztönszerü irtózást éreznek a konzervativ természetü intézőkörök, azt mindenki keservesen tapasztalta, aki valaha valamilyen ujitást kivánt létesiteni. Ó igen, azt a bizonyos diplome d'honneur-t megadják a tervezésért a müvésznek is, az aranyérmet kézimunkáért a feleségének is, de azt sem ők, a nagy óvatosak; azt sem itthon, hanem kerülő uton valamelyik külföldi kiállitáson; nem is akkor, amikor dukál, hanem amikor már ők maguk is megőszülnek és észreveszik, hogy elmaradtak, hogy jó volna utolérni ismét az ifjuságot. Amikor már a marsmezei kezdést, mint a nyavalyás bécsi szecesszió formájában nyakunkba szakadt izléstelenséget is régen meguntuk.

Sok kedves és szép emlék füzött a tapisszériák készitéséhez, de ugyanannyi mérgelödést is kellett lenyelni bizonyos velük kapcsolatos és utólagos hivatali eljárások miatt. Emlékszem, nagyon igyekeztünk, nagyon jól indult ez a dolog s különösen az „Ideálizmus és reálizmus" cimü képszönyegemet nagy ambicióval csináltuk abban a neuilly-i nagy szegénységben. Szépnek igérkezett s igen eredetinek: zöld és sárga harmónia. Uj szinek, merész elhatározással megállapitva. Hittünk abban, hogy nem mindennapi lesz, talán még meg is veszi a kormány. Dehogy vette. Hiszen a hivatalos nagyságok még ilyent nem láttak és ha nem láttak ők, a mindenlátók, akkor az csak ostobaság lehet. Igy volt csakugyan: elküldtem, visszaküldték. De nem ingyen: mikor már minden fórumot megjárt és a legfelsőbb fórumon is megfeledkeztek róla, levélben kellett gorombáskodni, hogy a párisi kiállitásra visszakapjam. Ottani sikere után haza került ujból s a már akkor itthon is „felfedezett" Szinyei Merse közbenjárására az esztendeig tartó kézimunkát igénylő kettős szőnyegképet potom áron megvette Wlassics miniszter az Iparművészeti Muzeum számára. El is helyezték benne — bár ne helyezték volna, vagy nekem ne kellett volna látnom, hogy hogyan helyezték el. Még talán jobb, hogy később elégett Milanóban: *a menykőcsapás szebb halált okoz, mint a lassu sorvadás.* Amig nekünk odakinn fáradságos munka közben nincs mit apritanunk a levesbe, de ezzel nem törődve, csak azon igyekszünk, hogy valami uj művészi szépet produkáljunk, amire szerintünk idehaza is büszkék lehetnek : akkor itthon nemcsak meg nem értés (ami végre is csak annyira bűn, mint a tudatlanság), hanem kicsinyes szekaturák, nagyhangu pózok, furfangos taktikázások, legjobb esetben félmosoly balra vagy barátságos hátbaveregetések, de mindenesetre a csigabiga óvatos szarvainak tapogatózásai merednek felénk az intéző bürókból. Kipróbált tempó : okos tempó. Vajjon okos-e igazán : kutassa más!

Immár nem kerestem az érintkezést az itthoni iparművészeti körökkel. Nem is látszott lehetségesnek, hogy az ár ellen uszhassam. Pedig egész sorozata halmozódott össze bennem hosszu éveken át a legmeggondoltabb terveknek, melyekről hittem, hogy a magyar iparművészetnek hasznára lehetnének. Legalább igyekeztem volna eltériteni a társulatot például azoknak a bizonyos bécsies izü, rossz izlésü interieuröknek a kiállitásától! Forditott világ ez itten. Szerintem a tervező főkelléke az, hogy előbb művész legyen, aztán fogjon műipari dolgok megoldásához. Itt megforditva : az történik, hogy aki nem lehet művésszé, az legyen hát — és lesz — iparművész. Párisban szerzett tapasztalataim és művészeti buvárkodásaim révén az iparművészet helyes irányitását nem abban látom, hogy gyáriasan, nagy produktivitással dolgozzék és dolgoztasson, hanem hogy jóizlésü tárgyak és lakások előállitásán fáradozzon, utat-módot mutasson, impulzust adjon a jobb izlésü, illetőleg erre nevelhető iparosoknak és gyáraknak.

Nagyon sokáig ámitottuk magunkat azokkal az értéktelen nagyrabecsülésekkel, amelyek főleg Olaszországból érkeztek hozzánk: Olaszországból — a kifacsart citromból. Hiszen mindenki tudhatná, hogy Olaszországban a mai emberek jó véleménye a legrosszabb kritika az egész művelt világon. És erre voltunk olyan büszkék? Az ilyen izlés ellen kellett volna harcolni, rámutatni, hogy épp ezzel szemben mi a művészi s mi a kommerciális érdek, mit kell nekünk tennünk. Hamisitott sikerekből élünk, ez pedig nem művészi cél, valamint az sem, hogy a mások tollával ékeskedjünk. Ezzel jobb, ha nem állunk ki a piacra. Inkább kisebb, szerényebb dolgokat csináljunk, de a mi művészeti kulturánkhoz méltót. Ez az alapja egy egészséges iparművészeti programmnak.

Lehetetlen, hogy meg ne emlitsem itt azt az izléstelenséget, melyet az 1909-iki velencei kiállitás alkalmából követtek el néhány, a javából való modern művészünkkel szemben a Magyar Iparművészet cimü folyóiratban. Ugyanakkor, mikor csomóba kötve feltálalták az olasz lapoknak a velencei magyar kiállitási házról szóló dicséreteit — amihez végre senkinek sem lehet szava —, ugyanakkor célzatosan kiválogatták és lenyomatták azokat az értelmetlen dorongolásokat, amelyekkel az olasz kritikának egyes orgánumai Ferenczy Károlyt, Csókot stb. illették. Annak az olasz kritikának az orgánumai, amely épp olyan alacsony nivón áll, mint maga a modern olasz művészet. Egy magyar „művészeti" társulat hivatalos lapjában történt ez magyar művészekkel szemben. S hozzá még olyan lapban, amely mint iparművészeti folyóirat rendesen nem is foglalkozik festészettel, tehát csak azért portyázott át ezuttal erre az idegen területre, hogy ezt a kirohanást rendezhesse. Igaz, hogy azoknak a festőknek nem árthat az, amit az olasz kritika nyomán a Magyar Iparművészet közöl róluk, de azért van-e jóérzésü ember, aki meg nem ütközik ezen?

Szinyei Merse Pált 1873-ban nevette ki *Keleti* Gusztáv, — szinbolondnak tartotta. Tehette, hiszen abban az időben ő volt erre mifelénk a kritika terén a mindenható. Szentirás volt, amit mondott: ha hát nevetett, utána nevettek a többiek is, hiszen a nevetés épp oly ragadós, mint az ásitás. Pedig nem nevetnie, hanem inkább elsiratnia kellett volna azokat a művészi elveket, melyeket ő megközelithetetlenül szenteknek vallott. De igazán csak az iménti berlini kiállitás sikere után látjuk, milyen rossz próféta volt a mi Keletink. Már magasan járt akkor az uj művészet napja, amikor ő még nehéz álomban a másik oldalára fordult, hogy tovább aludjék. De ne hidd, édes Pali bátyám, hogy csak te nem tetszettél Keletinek. Azt hallottad volna, hogyan kacagott, mikor én mutattam meg neki az Andrássy-féle ebédlő kandallója fölé csinált tapisszériám „tanulmányát", egy finom, törékeny nőalakot, virággal a kezében! Pedig akkor már két évtized telt el 1873 óta. És — hogy folytassam, ahol elhagytam — Keletivel sok más hivatalos ember megegyezett abban, hogy nem tetszettek nekik dolgaim. És mindig ugy meghurcoltak, hogy aztán másoknak is kedvüket vették. Arról pedig szó sem lehetett soká, nagyon soká, hogy képeim közgyüjteménybe kerüljenek. Azt se tudom, hogy az állam számára elsőnek megvett képem, az „Öreg francia asszonyság", mely most a Szépművészeti Muzeum egy zavaros kis kabinetjában függ, miért is kellett még akkor az „államnak". Igaz, a kritika jege már olvadt egy kissé itthon is s mivel épp ez a kép legjobban tetszett neki azon a kiállitáson, ugylátszik, nem térhetett ki a vétel elől az állam se. Majd sikerült összeállitanom a Royal-szálló néhány nagy üres termében egy kollekiv-kiállitást, mely beszámolt egész addigi müködésemről. Minden „müfajt", amit csak csináltam addig, kiállitottam, sőt egyebet is, ami müvészi intenciómmal egyezett. (Igy japán és kinai rajzgyüjteményemet is s meglepett, hogy mily értelmetlenül állt előtte müértő közönségünk.) Nos, e kiállitáson már mintha hivatalos részről is olvadt volna a jég: a muzeum számára megvették a „Kuglizók"-at, s az akkori miniszter, *Wlassics* is elismeréssel adózott. De az ember sohsincs egészen tisztában azzal, mit tartalmaz ez a szó: elismerés. Hiszen ugyanez a miniszter aláirta a Merkurpalotában rendezett kiállitásomból 1902-ben két más képemmel együtt való megvételét ugyanannak a nagy fekete kalapos nőt ábrázoló képemnek, melyről egy előbbi kiállítás alkalmával — a régi műcsarnokban — még mint érthetetlen művészi törekvés produktumáról vállvonogatással nyilatkozott. Kis vitába is keveredett ott nyomban *Hock* Jánossal, aki akkor a modern művészet érdekében hathatósan dolgozott s korábban tulajdonképpen egy direkte az én iparművészeti terveimet protezsáló parlamenti beszéddel indulván tevékenységre a művészet berkeiben, fanatikus buzgalmával, nagy rábeszélő tehetségével és szónoki erejével legádázabb ellenségétől sem tagadható érdemeket szerzett, ha másban nem, abban, hogy a modern művészi törekvések iránt való közönyt országszerte felrázta. Akkor még nem értette a miniszter ezt a „szecessziót", most, hat évvel később, ugylátszik, már értette. Helyes: érniök kell a dolgoknak, hogy érthetőbbek legyenek. Vagy még helyesebben, a dolgok várnak, mig az emberek megértése hozzájuk fejlődik. Nekem mindig erős hitem volt, hogy ha érthetetlenekül hatottak műveim, nem annyira bennük, mint a nézőikben rejlett a hiba. De majd csak megértenek, reméltem, ha előbb nem, halálom után.

A művészet élvezéséhez, értékeléséhez bizony sok minden kell. Művészi műveltség kell: akaraton és tudáson kivül igen sok érzés. Csak ilyen feltételekkel lehet a művészetet szeretni s uj, szokatlan megnyilatkozásaiban is megérteni és méltányolni. Ezek nélkül tartózkodnunk kell művészetről még csak beszélni is, annál kevésbé itélkezni. Ezek nélkül még arra sincs jogunk, hogy azt mondjuk: ez szép, ez meg nem szép. *Ezek nélkül csak annyit szabad mondanunk: ez tetszik, ez meg nem tetszik.*

Nem Wlassics nevével kapcsolatban mondom már ezeket, hiszen épp ő volt eddig az egyetlen kultuszminiszterünk, aki azután is eljárt a műkiállitásokra, mikor már nem kellett azokat hivatalosan megnyitnia; aki tudta, hogy mit nem tud s igyekezett a művészeti ismereteiben levő hézagokat betölteni, aki szerette a művészeket s kereste a modernebb izlésü emberekkel való érintkezést.

Mondhatok egy példát róla saját élményeimből. A Merkurpalota-beli kiállitásom megnyitásán megjelent a miniszter is s látszott rajta, hogy szivesen jött. Egyéb, különböző időbeli műveimen kivül Ostendében töltött nyaram produktumaiként, impresszióim egész pasztell-sorozata függött akkor mint uj dolog, mint még sehol ki nem állitott képsorozatom a falakon. Sok ház, sok ablak, rajzszerü pasztellek, világos, élénk szinfoltokkal. Az első pillantásra — szinte csupa s nem is változatos architektura. Ha azonban a szemlélő — már akár kiváncsiságból, akár csak smokkságból is — közelebb ment a képekhez, láthatta, hogy itt a vonalak élnek, mozognak, beszélnek. Nem a házak architekturája itt a téma, hanem az Európa minden tájáról beléjük „raktározott" embereknek az élete. (Itt eszembe jut Lyka Károly könyve, amelyben az ő mélységes megfigyelő és megértő képessége és sajátos szép stilusa olyan jól nyilvánul. Tudniillik ő nevezi el szellemesen „emberraktárak"-nak az én ostendei hoteljeimet.) Festőjük nem a cirkulus és hosszmérték szerint való pontos elhelyezését kereste ablakoknak, kapuknak, hanem azt nézte, nyitva van-e az ablak, vagy be van-e téve, egészen le van-e függönyözve, vagy csak félig, s mig a tarka szinfoltokat felkrétázta a papirosra, volt ideje arról is fantáziálni, hogy mit rejtenek maguk mögött azok a tárva-nyitva álló vagy nagyon is szorosan lefüggönyözött ablakok, mit csinálnak ott az emberek. És egy kép helyett sorozatot rajzol, mert az a meggyőződése, hogy a képei ugyanezt a hatást keltik majd a szemlélőben. Látta őket néhány festő s megvallotta mindenik, hogy ennek a világfürdői pezsgő' életnek ily oldalról való felfogása nekik soha eszükbe sem jutott volna, „ezeket a motivumokat" ők még eddig észre sem vették, pedig szinte otthon vannak Ostendében. Engem jobban érdekeltek, mint maga a tenger, banális módon fürdőző sok szép asszonyával. Mikor mindezekre figyelmeztettem a minisztert s igy megértette, hogy miért is olyanok amilyenek ezek a képecskék: a fejét vakarta, hogy ő, ugymond, erre ostendei időzése közben nem gondolt, mikor e nagy hotelek egyikében lakott ... Hogy aztán képeim ily magyarázatának tanulságaként egy következő ostendei időtöltése alkalmával okult-e a miniszter e mulasztáson, arról már nem tudok.

De miniszterről lévén szó, kedves emlékeim közé sorolom itt *Lukács* György hivatalos látogatását is a Könyves Kálmánnál rendezett kiállitásom megnyitásán. Meglepett az a szerénység és tanulnivágyás, mely őt rövid életü minisztersége alatt általában jellemezte s amely e látogatása alkalmával is a legszeretetreméltóbb módon nyilvánult. Szinte százszámra voltak képeim kiállitva s alig volt köztük egy is, mely iránt ne mutatott volna érdeklődést és nem látszott üres udvariassági formulárénak távoztakor mondott utolsó szava sem: „köszönöm, itt sokat tanultam."

Illik-e, nem illik-e, hizelgésnek veszik-e, nem-e, nem törődöm vele, de leirom ide azt a véleményemet is, hogy a *mostani* minisztertől sem kell félteni a modern müvészet ügyét. Régóta kisérem figyelemmel s legalább annyit; konstatálhatok róla, hogy minisztersége előtt is — nejével együtt — rendes, csendes látogatója volt ő még a „rémséges szecessziós" kiállitásoknak is. Aki pedig akkor is jár mükiállitásra, mikor *még* nem muszáj, az legalább is érdeklődik amüvészet iránt akkor is, mikor muszáj, s aki „szecessziósokat" is megnézi, az már komolyabb érdeklődő számba megy.

NÉHÁNY HIRES NÉMET, EGY KITÜNŐ MAGYAR ÉS ISMÉT FRANCIÁK.

LIEBERMANN ÉS MÁSOK. VALAMI SZINYEIRŐL. VUILLARD- DENIS-ÉK ÉS MAILLOL.

A németekkel hamar végezhetünk, éppen, mert — németek, mert nagyon meggondolt nép. Ez az emberfajta mindig sokkal inkább szőrszálhasogató volt és sokkal inkább Ádámnál kezdett mindent, semhogy a művészetben valami uj dologgal elsőnek lephette volna meg a világot. Az uj pikturában is a franciák után ballag. Néhány nagyobb tehetségének is — az ujabb kezdöknek — valósággal szökniök kellett hazulról Párisba, hogy a modern érzéseket magukba szivják. De hiszen irják ezt már a történetirók.

Liebermann-t ott emlitem, ahol Munkácsy hanyatlásáról volt szó, mint Munkácsy egy képének hatszemközti birálóját. Most *konstatálhatjuk* a birálóról, hogy éppen ő is hosszu időn át, Uhde és Dannat idejében, valósággal Munkácsy hatása alatt festett. Ha semmi más nem bizonyitaná ezt: Tollfosztók cimü nagy képe, mely a berlini képtárban van, kétségbevonhatlanul igazolja. El is csudálkoztam Liebermann elfogultságán legutóbbi utazásom alkalmával, mikor őt is meglátogattuk Berlinben. Olyanformán beszélt, mintha nem ő indult volna Munkácsy után, hanem megforditva, Munkácsy ő utána. Pedig ennek az ellenkezője annyira nyilvánvaló, hogy azt már igazán fölösleges volna bizonyitgatni. *Liebermannak másutt van az érdeme.* Körülbelül ott, ahol *Szinyeié.* Liebermann az első természet-megfigyelők közé tartozott. Ezen az uton igyekezett dokumentumokat csinálni. Suszterje, Öreg invalidusai, a Hollandus leányok s más művei is mind erős megfigyelésről és erőteljes festésről tanuskodnak és — szokatlan a németeknél — jó izlést is árulnak el. Ami pedig a képei formáját (kivágását) illeti, abban sok értelmesség nyilvánul. Igaz, hogy itt erős *Izraels* és *Uhde*-hatást is látunk, de mert benne van képeiben Liebermann eredetisége is, őt, megvallom, a másik kettőnél jobban szeretem. Nem is volt különben neki nehéz Uhdét egészen legyürnie. Uhde művészete az utóbbi időben egyike volt a legellapultabb német piktura-fajtának. A festője szintelen, erőtlen emberré lett.

Odahaza, Berlinben, nagy művész Liebermann. Sokan nagy nemzetközi értéknek is hiszik. Én is azt hiszem, van néhány ilyen általános értékü dolga, de tudja isten, hiányzik belőle valami, ami igazán nagygyá teszi a művészt: nem tudta végigcsinálni azt a nagy campagne-t, amin — törik-szakad — minden nagy művésznek át kell rágódnia. Eszembe jut itt, hogy a Marsmezei Szalón tagságát (associer-ségét) tulajdonképpen az osztrák *Jettel* protekciójával érte el, akiről szintén illenék — ha talán most nem is tartozik ide — egy-két szót közbeszurnom: legalább azt, hogy Munkácsyval is jóviszonyban volt s nekem is nagyon jóbarátom volt és hogy sokszor fordultunk meg házánál a Place Pigallon, ahol ilyenkor német sör mellett nagy bohémtársaság vacsorázott s a vacsorát egy jóságos, kedves asszony, Jettel felesége készitette, aki valamikor — szépsége idejében — Makartnak volt a modellje. Visszatérve a Liebermann dolgára, az évszámra már nem emlékszem, csak arra, hogy az öreg bohém, a belga Alfred *Stevens* életében történt. Ő is benne volt az akkori zsüriben, mely 15—20 tagból állott, köztök Puvis és Carolus Duran, valamint Jettel is. Jelen voltam, mint „közönség", mert ott a kommisszió akkor is dolgozott, ha látogatók jártak a kiállitáson. Liebermann képei elé érve, melyek közt egy domboldalon kecskét vonszoló asszonya is ki volt állitva, nagyot nevetnek a zsüritagok; mint azt a franciák szokták, „mokizták" a művészt és el akartak művei mellett haladni, nem akarták a zsürimentes kiállitásra jogositó tagságra proponálni. Akkor szólalt meg jóbarátja, Jettel, és azzal kezdve, hogy nem is olyan nevetséges munka ez, mint aminőnek itt az urak gondolják, addig magyarázta és védelmezte őt, mig a kommisszió kötélnek állt és proponálta Liebermannt. Csak azt akarom ezzel illusztrálni, hogy nem volt ám fiatalabb korában Liebermann se az az egetverő müvész, amilyennek őt Berlinben gondolták.

Uhde valamivel jobb hirben állott Párisban, de végre ő is letünt a látóhatárról és el is felejtették. Mig ott volt, vele valamivel több respektussal bántak a franciák.

Német részről különben a francia-német háborut is szokták az ellenszenv okául hánytorgatni. Ezt én nem irnám alá: nem tapasztaltam, hogy a háboru után a francia müvészek a német müvészek iránt igazságtalanok lettek volna. *Trübnert* is elég jól méltatták. *Köpping* is sikereket ért el náluk, mint rézkarcoló müvész. *Klinger* már kevésbbé. Igaz is, hogy a „Krisztus az Olympuson" meg a „Páris almája" is átkozottan izléstelen képek voltak, s még hozzá mily csuful pretenziózus rámákban állitotta ki őket! Kár, hogy őt szines szobrairól nem ismerik a franciák. Én ezekben látom őt jóizlésünek. Rézkarcaiban sem találom meg azt a sok jót, amit neki általában tulajdonitanak. Tavaly, hogy Drezdában jártam, a Kupferstichkabinetben Lehrs igazgatónak feltünt, hogy miért nem kérem elő Klinger kollekcióját, miért inkább Rembrandtot és Goyát keresem. Meg kellett mondanom, hogy azok nem érdekelnek, csak a szobrai. Be is ajánlott hát Klingerhez Lipcsébe, ahol lakik, mint olyant, aki érdeklődik szobormüvei iránt.

Hans *Thoma* legutóbb látott régi müvei nekem nagyon tetszenek. Sajnos, kevés alkalmam volt velök behatóbban foglalkoznom.

Sokkal inkább érdekel különben a weimari festő: *Kalkreuth* gróf. Őt tartom ezidőszerint a legizlésesebb, legértékesebb német müvésznek.

A francia eredetü, de német születésü *Marées* nevét, legalább a nevét is fel kell emlitenünk e rövid névsorban: nála nyilvánvaló az antik hatás és az ő hatása viszont már mifelénk is felfedezhető. Pedig ha már ennyire vagyunk, akkor mégis okosabbnak találom Marées forrását: a görögöket direkte felkeresni. A pompeji-i dolgok sem utolsók ám! Csak le tehát Nápolyba!

A bajor eredetü *Slevogt* szintén a jó német müvészek közül való. Kisebb impressziói felette állanak Liebermann dolgainak. De neki meg az a baja, hogy a nagy képekre fekteti a fösulyt, amelyek nem jók, szerintem tulajdonképpen nem is oldhatók meg jól. A nagy képek iránt nincs semmi bizalmam. Rendesen incompletek. Nem is kell messzire mennünk, csak a mi Szépmüvészeti Muzeumunk képtárába, ahol bőven igazolva láthatja az elfogulatlan kritikus, hogy igazam van. Különben erre már sokan rájöttek. Rosszul festi a nagy képeket Slevogt is, egészen másképp, mint a kisebb képeit. Ugy vettem észre, ő is tudja ezt, de — épp ugy, mint nálunk a históriai képek festése idejében — náluk is nagyméretü képekkel akarnak szert tenni a professzorhoz illő tekintélyre.

❖

Elöbb *Szinyei Merse* Pált emlitettem Liebermann mellett. Szinyei is eltért az akadémiától. Hátat forditott neki, kiment a szabadba. Hogy mi inditotta erre? Én magam s talán mások is soká azt hittük, hogy része volt ebben Courbet példájának s talán annak is, hogy az akkortájt Münchenben idöző Courbet beszélgetéseiből hirét hallotta Manet-nak és Monet-nak, akik még fiatalok voltak ugyan, de reformideáikról, képeikről olyanféle jó müvészek, amilyen Courbet volt, már bizonyára tudomással birtak. Courbet tehát tudott már akkor a Manet 1863-ban festett hires Dejeuner sur l'herbe nevü képéről és Monet impresszióiról is. De Szinyei saját vallomása szerint Courbet sohasem beszélgetett vele Manet-ról. Érdekes adat Courbet

emberi és művészi büszkeségéről, melynek hegycsucsáról
még egy olyan, már akkor is kiváló művészt *sem akart*
meglátni, olyanról sem akart beszélni, mint Manet. Csak
magát tartotta művésznek.

Aztán, Szinyeiről szólván, emlegetik a Böcklin-hatást is.
Böcklin is a fényes természetből meritett, sokat fantaziálva
és dekorativ módon fogva fel a dolgokat. Azt mondják
némelyek, segitségére volt Szinyei művészi fejlődésének
akkor, mikor ez „próbarepüléseit végezte". De hisz nem
voltak azok már próbarepülések. Szerintem csak motivum-
hasonlóságokat konstatálhatunk, ami csak mellékkörülmény
a pikturában s aminek Szinyei művészete nem annyira
hasznát, mint inkább kárát vallotta, mert festőibb motivu-
moktól vonta el őt egy időre, kevésbbé festői motivumok
kedvéért. Szinyeink végre 1873-ban megfestette a Majálist.
Ezt a „végre" szót is mások után használom, azok után,
kik a Majálist tartják művészete csucspontjának és épp azt
akarom itt ezzel szemben konstatálni, hogy abból a látó-
szögből nézve, melyből én a pikturát nézem, ez a megálla-
pitás sem a leghelyesebb. Innen tekintve : a nagy Majális
nem mutatja azt az egységes fakturát, melyet én egy remek-
műben okvetetlenül megkivánok. Azonkivül ebben az egy
képben már érezni, hogy most már Böcklin is kezdett rá
hatni. Rámutatok itt Szinyeinek azokra a műveire, melyek-
ben az idegen vonatkozásnak egy paránya sem fedezhető
fel, illetőleg amelyekbe az bele sem magyarázható. Azokra,
amelyek az ő *legegyénibb,* tehát szerintem legművészibb
képei már csak azért is, mert a fakturájuk egységes és
egyenletes. Ilyenek pedig az ismertebbek között: a *kis-
Majális,* a Berlinben aranyérmezett s a Szépművészeti
Muzeumban levő hires nagy Majális „tanulmánya" ; a
Ruhaszáritás kis képe ; *Műterem*-tanulmánya ; *Sétálók a sza-
badban* cimü kis képe és a *Hintázók,* melyet egyszer már
emlitettem. Ezek azok, melyekhez szó nem férhet : a maguk
idejében eseményszámba menő Szinyeik. Ezek s még
néhány ezidőbeli vázlatosabb műve teljesen elégségesek
volnának arra, hogy Szinyei Merse Pált — ha bár hálisten-

nek még velünk él és mulat — a közelmult műtörténete a legjelesebb emberek közé sorozza.

Az idegen hatás kutatásában Szinyeire nézve, ismétlem, a motivumok hasonlósága téveszti meg az embereket, mikor Böcklin, Courbet, Manet vagy nem tudom én, kinek a reflexióit keresik benne — mintha bizony nem volna mindegy, ha ugyanazt a motivumot festi is mindegyik, csak a művök legyen fakturában egyéni: a Böcklin-kép Böcklin, a Courbet-kép Courbet, a Manet-kép Manet, a Szinyei-kép Szinyei műve lesz. Volt apja, szó sincs róla, neki is, mint mindenkinek volt: Piloty az ő mestere, de hálistennek a tanitványból olyan tékozló fiu lett, aki nem tér meg a szülői házhoz, — hálistennek Pilotyból egy szemernyi sincs benne s csak azt tanulta meg tőle, amit jó, hogy elfelejtett, amit nem kell tudnia. Ha különben ezekről a reflexiókról kérdezgeti az ember, megvallja, hogy igenis, lebegett a szeme előtt néha egy-egy jónevü művész képe, de csak azért, hogy „truccra is" másképp fessen, mint az illető. (És akkor tán nem érdektelen itt zárójelbe szurni, hogy a nagy-Majális Benczur műtermében készült.)

Az idegen-hatás keresése Szinyei rovására mindenképp alaptalannak látszik. Kár is róla beszélni, örüljünk rajta, hogy van egy ilyen nagy művészünk!

De térjünk vissza kissé Párisba és az én ottani művészbarátaim közé, kiket csak topografice hagytam el, de lélekben el-ellátogatok hozzájuk. A mult évben testi szemeimmel is megnéztem őket. Másfél évtizedes barátságukat, mely a Julian-ban kezdődött, most is állandóan ápolják. Találkoznak, mint akkor, egymás lakásában. Nem restelnek vasárnap Roussel-hez kimenni, vagy szombaton St.-Germain-be Denis-hez, vagy kedden Marly-le-Roy-ba Maillolhoz, épp ugy, mint ahogy ezek bemennek ezekről a falusi helyekről pénteken délben dezsönézni Vuillard-hoz, hétfőn meg Bonard-hoz a Rue Lepic-be, közel a Moulin de la Galette-hoz. Most, hogy feleségemmel Párisban időztünk, mi is minden pénteken Vuillardhoz voltunk hivatalosak. Itt találtam az összes ismerősöket, részben, mert örültek a viszontlátásnak, részben, mert Vuillardnak csak ez a napja szabad. Az érintkezést, mig él, fenn akarja tartani régi pajtásaival, még olyanokkal is, akik már nem ütik meg a művészi mértéket, de kedves, jó és — feleséges emberek. Az utóbbiakkal tulajdonképpen a feleségek az összekötő kapcsok, akik azelőtt vagy modelljeik vagy barátnőik voltak. Ma komolyan veendő bájos francia asszonyok. Kedves egy asszony mindjárt Bonnardné is. Vacsorára először épp a Bonnard Bernheimnel rendezett kiállitásának megnyitása napján hivott meg bennünket. Ott várt már a szép világos kokett kis appartementban a fiatal, vidám párisi asszony — ezüst cipellőben, lenge selyem ruhában szemére vágott hajával. Mellette nagy kutyájuk barátságosan csóválgatta a farkát. És ott volt a nagy oroszlánfejü Claude *Terasse* zeneköltő, Bonnard sógora és Romain *Coolus* iró. Szépen teritett asztal, rajta sok jó bor, pezsgő, pompás halak, pecsenyék. Diner után el a Moulin de la Galette-be, onnan az összes tivornya-helyekre, amelyek ma már más jellegüek - - bár nagyon szépek, drágák — mint a régi Chat-noir vagy a régi Moulin-rouge, a Toulouse-Lautrec tanyája. Mindez a Place Pigalle körül, nem messze a régi Chat-noir-tól, mintha csak annak és a másik hires mulatónak, a Goulue kánkántáncosnő fészkének, uj hajtásai lennének, más emberek ápolása alatt. Reggel felé pedig elvittek bennünket az utolsó stációra — savanyu káposztára.

Vuillard-nál barátunk édesanyja fogadott bennünket. Mivel mi magyar szokás szerint elkéstünk, már ott találtuk öreg barátainkat, *Serusier*-t, *Luce*-t, Thadée *Natanson*-t, *Hermann* muzsikust, Félix *Féneon* feleségét, *Ranson*-nét, *Bonnard*-ékat, *Roussel*-ékat: igazán kedves, természetes életmodu franciákat, akik nagyban előljártak és előljárnak ma is ugy az irodalomban, mint a művészetben.

Roussel-nél, vasárnap, ebédre, a maga szerezte, a maga tervezte szép berendezésü házában fogadott a felesége, anyja és két gyereke. Szép vidéken laknak, közel Maillolhoz és Denishez. Délután át is jött értünk Denis, Serusiervel, leányával és átmentünk hozzájuk. Az est beállott, mikor gyalogosan odaértünk.

Egy régies, ódon, de rendkivül szépen szituált helyen lakik Maurice Denis. Klastromszerü épület ez, vasrácsos ajtóval, régies lépcsős bejárattal. Valami olaszos levegöt éreztünk: a fák közelhajolnak a házhoz, ölelkeznek egymással. Szinte religiózus a hangulat. Belépünk az előszobába, a másik szoba ajtaja nyitva, leszürt világosságot vet a függölámpa a kerek, szépen megteritett asztalra. Benn a félhomályban első tekintetre észrevesszük Denis-nét, amint a homályból kiviláglo melléből szoptatja a ház legifjabb szülöttjét. A többi családtagok is előkerülnek: a három leány, akikkel apjok képein sokszor találkozunk, a nagymama és a nagyapa. Az öreg ur a francia-német háboruban katonáskodott: mindjárt is német szavakat röpitett felém és szeretettel beszélt némely, a háboru kellemesebb oldalához tartozó dologról. Asztalnál közrefogjuk az öreg urat, aki természetesen érdemrenddel a mellén ül a fiatal asszony mellé. Ő meg a ház asszonya nem győzik a szinre-izre kellemes lapin-pörköltet mentegetni, holott nincs rá semmi ok. Szép volt ezt a társaságot, ezt e szép családot együtt látni; a kis lányok külön is szép kép, amint azokban a bizonyos kék kockás iskolás-kötényeikben egymás mellett ülnek. Denis, a családfő, folyton mosolyogva beszél, mint a boldog emberek szoktak. Egyszerü, természetes minden izében, de rajta, külsején, mig beszélni nem kezd, semmi sem árulja el azt a nagy intelligenciát és talentumot, amelylyel festményein találkozunk. Kecskeszakállával, duzzadt, egészséges, piros, inkább szőke, mint barna arcával — kivált künn, nagyon kis karimáju, többnyire vasárnapiasan benyomott, puha, de keménynek látszó kalapjával a fején — kisvárosi hivatalnokra emlékeztető alak. Jó férj és apa. Gondolkodó fej, éles tekintet, szellem és jóság: ennyi mindenféle jót hordoz puha teste kivül és belül.

Ha beszél, csak a müvészet, különösen a régiek müvészete heviti. Nagyon szeret róluk bölcselkedni. Hogy milyen

lelkiismeretesen veszi a legegyszerübb dolgokat, kitünik abból is, hogy legutóbb Olaszországba ment, hogy Assisi-i szent Ferenc életviszonyait a helyszinén tanulmányozza, mert illusztrálni akarja a szent életét. A saint-germaini vasuthoz még kikisért bennünket, de ott már sietett elválni tőlünk, sietett haza, hogy pakkoljon olaszországi utjára, melynek nagy részét különben biciklin járta meg. Mindig örülök, ha visszagondolok erre a kedves emberre és szép családi életére. Lakása kis szobákból áll, de tele képpel, szoborral, jóformán mindenkitől, kiket emlékezéseimben emlitek. Most velem is cserélni akar. És segiteni kiván Druet-nál tervezett kiállitásom rendezése körül s erre készséggel önmaga ajánlkozott.

Érdekesen emlékszik meg beszélgetései közben Maillolról, művészetéről és különösen — sokszor könnyelmüséggel határos — műterembeli szokásairól. Elmondja például, hogy Maillol elutazik Banyulsba és ott hagyja műtermében már előrehaladott stádiumban lévő agyagszobrát. Nem biz meg senkit nedvesitésével. Igy aztán akárhány müve összerogy rossz ápolás' miatt. Maillol mindent maga csinál a szobrai körül, még a létrát, a szobrának a skelétjét is. Igy tett azelőtt a tapisszériáknál használt fonalak szinezésével is: éveken át kutatta a régi jó, meg nem változó növényi szineket. A régi idők modern inkarnációja ő. Persze néha most sem sikerül neki az ilyen maga feje szerint való kisérletezés: összedül egy-egy készülő müve, mert gyenge vázra rakta fel az agyagot. De nem egy dolgát mentette meg már Denis, akinek Maillol távollétében is szabad bejárása van hozzá — lévén ők egymást tisztelő igazi jóbarát ok.

Pedig — jól emlékszem — valósággal ellenséges hangulatok között ismerkedtek meg egymással. 1894 körül Henry Lerolle, a gazdag festő és műbarát — alkalmasint Gauguin ajánlatára — festetett Maillollal egy plafondot, amely azonban nem tetszett neki. Lerolle most Denishez fordult a dologban. Ez el is vállalta a festést s ugy készitette a plafondképet, hogy az — Maillolnak is tetszett. Személyesen még nem ismerték egymást s Maillol sokáig azt hitte, hogy maga Denis rosszalta az ő munkáját, hogy aztán ő, Denis csinálhassa meg; haraggal is beszélt akkor későbbi jóbarátjáról, valahányszor szóbahozták neki. Ebben az időben hallottam én is először Denisről. Róla s akikkel később egy társaságba kerültünk, nem tudtunk semmit, sem Maillol, sem én. De később is, mikor már ismertük őket s én már megbarátkoztam pikturájukkal, Maillol még sokáig nem tudta szeretni az ő művészetüket, mint ahogy Meier-Graefe sem szimpatizált azzal, sőt ő még Maillolról sem tudott. Pedig Maillolnak megvoltak már mindazok a művei, melyekkel jó hirét megalapitotta. Viszont ez a társaság sem akceptálta még egészen Maillol művészetét. Ezért is szükség volt arra, hogy mi is, Lerolle is, Th. Natanson is, egy kis port verjünk fel — kiki a maga ismerősei körében — az uj emberek érdekében. Ne tessék esetleg félremagyarázni az ily megállapitásokat: nem több ez, mint hogy az ember ott, ahol megfordul, nem azokról beszél, akiket nem szeret, hanem megforditva és nem pörgeti a meghaladott művészi álláspontok, irányok, iskolák elismerésének vagy tagadásának cséphadaróját, hanem uj tehetségekre igyekszik a figyelmet ráirányitani.

MÁS MŰVÉSZEK.

FORAIN. WHISTLER ÉS BESNARD. RODIN-ANEK-DÓTÁK. RAFFAELLI ÉS A SAVANYODÓ UJ SZALÓN.

Eleinte nagyon sajnáltam, hogy *Forain*-nel nem jutottam személyes ismeretségbe. Pedig könnyen tehettem volna: mig nőtlen fiatalember volt, közelemben lakott, sokszor láttam is, sok közös ismerősünk is volt, de bemutatkozásra nem került a sor. Mikor megnősült, ugy hallottam, vissza-vonultabb életet élt, bár előkelő társaságokban, például Mathilde hercegnő házánál is, sokszor megfordult. Ez a művész szintén a legértelmesebb franciák közül való volt: csupa élc és szatira az egész ember s olyan éles a kriti-kája, mint a beretva; hasonlit ebben a német Liebermann-hoz, csakhogy ez keserübb. Tiz éven át elsörangu rajzokat csinált, de később már nem ért sokat, visszaesett. A napi-lapoknál rendes rajzoló lett óriási fizetéssel. Sok érdekes dolgot hallottam róla, de attól tartok, hogy nagyon hosszura nyulik irásom, ha minden neves müvészről sokat beszélek. Hiszen nem akarok itt életrajzokat irni, annál kevésbé, minthogy ök irodalmilag többnyire fel vannak dolgozva vagy munkában vannak. Inkább csak annyiban emlegetem öket, amennyiben az impresszionizmus elágazásainak körébe tartoznak, mellette vagy vele keresztezödve vonultak fel és amennyiben velök magam is valami relációba kerültem.

Különben is Forain, noha a Marsmezei Szalón alapitói-val jó barátságban volt, kiállitóképp e művészcsoportban sohsem mutatkozott.

A szakadás után, 1892 körül, *Whystler* lett kedvence és irigyelt embere ennek a Szalónnak. Ha hire ment, hogy kiállitja portréit, mindenki kiváncsisággal tele várta a meg-nyitást s valami nagyon szép, tulfinomultan izléses pik-turát remélt. Többnyire igy is lett, senkisem csalódott

benne. Souverain valamit, a legjobb, legigazibb művésze-
tet éreztettek eredeti, különös, éppenséggel nem banális
művei. A képei prezentálásában is igen erős Whystler.
Szokásba hozta egyes régi mesterek műveinek hosszukás
formátumát s a nagyobbrészt fekete vagy szürke ruhás nő
vagy férfi alakjai, állva, ülve, mindig distingvált módon
vannak beállitva. Többnyire csak előkelő embereket festett.
1889-ben már hallottam felőle Besnardtól, mikor ennek
nevét az École de pharmacie folyosóján elhelyezett fal-
festményei és a Luxembourg-ban levő meztelen nője („Kan-
dalló előtt") révén a fiatalság felkapta.

Besnard-nak ebben az időben lehetett csak tulajdonképpen
sikere, mert többi társai, prix de Rome-os barátai, a
Société National des Beaux Arts törzstagjai, a Gervex,
Duez, Roll-féle festők mellett igazán fel is tünhetett, főleg
jobb izlése révén, amit leginkább Whystlertől és a Whyst-
ler által is dicsőitett japánoktól lesett el. Abban az inkább
látszólagos, mint valóságos eredetiségében, melyet bátrab-
ban alkalmazott szineiben — például egy-egy sárga foltot
a női portré nyakán, reflexét valamely a képen nem levő
világosság-forrásnak, — vagy itt-ott zseniáliskodó módon
alkalmazott szinfoltjaiban nyilvánult az ő ujabbszerüsége
és individualitása : olyasmiben, amit emlitett társai még
nem mertek festményeikben meghonositani. Ö is tultette
magát helylyel-közzel az akadémián, de sohasem egészen,
kokettirozott erre is, arra is. Innen van, hogy hamarosan,
kiismerték és kezdték dicséretét abbahagyni. Ö azonban
már megvagyonosodott, kezdett Munkácsyéhoz hasonló
háztartást vezetni, lovakat, fogatot tartott és nagy keleti
utazásokat tett. Mégis különös szeretettel Angliában járt,
megtanulta a diplomácia sima, uri modorát, elegáns maga-
viseletét s magát az angol nyelvet is jól beszélte. Igen
intelligens festőművész, csupa szellem, talán a franciák
Whystlerjének lehetne nevezni. Szimpatikus, finom lélek,
de — hogy is mondjam? — tulságosan is intelligens.
Annyira, hogy 1888 és 1898 között, amikor még Renoir,
Cézanne, Degas, Monet, Seurat, Signac, Pissarro, Gauguin,

Van Gogh, de még Manet nevét is csak igen szük művészkörökben s szinte suttogva lehetett hallani, noha Durand-Ruel már iparkodott kedvelt festőit lanszirozni: abban az időben Besnard már ismerte s ugy látszik, meg is szerette őket, bár nyiltan nem beszélt róluk. S ez volt a csunya, hogy nem beszélt róluk, pedig tőlük vett át szineket, fakturai megoldásokat, modernebb festői fogásokat. Annál inkább tehette, mert jól tudta, hogy a régi mesterek, sőt a legrégibb idők művészei is csinálták azt, amit ő jól tudott és azok nyers, darabos, hogy ne mondjam, Cézanne-os előadását a saját idejebeli művészi igényeknek megfelelő módon szervirozta — kiállitások alkalmával bizony elég nagy hűhóval. Igy lett ő egyike azoknak a jól szituált művészeknek, akik az akkor deklasszirozott, szomoru körülmények közt élő impresszionistákból meritették táplálékuknak jelentékeny részét, holott amazok kiállitásainak művészi értelemben vett sikerei hasonlithatatlanul komolyabbak voltak az övéknél. Besnardnak ezek és a japánokon kivül Rubens voltak forrásai ; magából csak az akadémián szerzett tudást és a nagy rutint adta. Bizonyos, hogy a legérdekesebb epigonok közül való. (Legérdemesebb képe a veronése-zöld szinü plafondképe a párisi városházában. Zöld levegőben sok Orcagna-szerü meztelen sárga alak.)

Akik aztán az ő nyomain, kevesebb értelemmel, tovább haladtak, például a svéd *Zorn*, vagy Gaston *Latouche*, ők bizony se hideg se meleg művészetükkel hozzá képest legalább is unalmasak. Ugyanazok ők a pikturában, mint *Delaherche* az iparművészetben. Ez Carriéz-ből, akinek maszkos kapujából még Rodin is tanult, és Gauguin-ból merit s mégis — vagy inkább: azért — nagy sikereket ért el edényeivel, amelyek természetesen amazokéhoz képest édeskés stilusuak és a félizlésü publikumnak tetsző dolgok voltak. Gauguin rémitően haragudott reá és tehetségtelennek tartotta. Most — ugy hallom — a sèvresi gyárnak igazgatója.

Rodin nevét emlitve, eszembe ötlik, hogy mikor én az elnyomott impresszionisták nehéz korszakában Párisban éltem, még neki sem volt meg az igazi hire. Akkor még nem mintázta meg Victor Hugo meztelen alakját, sem Balzac fantómszerü remek szobrát, melyet a megrendelök visszautasitottak, egyben megtagadván töle a huszezer frankot. Ez utóbbi alkalomból Rodin müvészetének tisztelöi sokan, skót barátommal én is, üdvözöltük öt, levelünkben lelkes hangon biztatva a továbbküzdésre. Éreztük, hogy nincs igazuk Jean Rameau-éknak, (akik a szobrot megrendelték) nem igazi müvészlélekböl fakad az ö véleményük. Ám csináltassák meg a szobrot *Falguière*-rel, legyenek vele boldogok, de Rodin ne adja föl uj müvészi izlését. (Felelt is a levélre, de csak — tán ö se jobb e tekintetben a Deákné vásznánál — sablónosan, spiszbürgeres nyomtatott köszönösort, ami nekünk nem tetszett, de megbékéltünk, mert sok más örömet okozott nekünk müveivel). Falguière el is készitette a szobrot, ugyanoly tógát adott Balzac alakjára, minöt Rodin, csak leültette s most ugy fest Balzac mester emlékszobra, mintha egy mészároslegényé volna. — Érdekes különben, hogy Rodin Falguière-vel jó barátságban volt. Nem csoda, hiszen a másik szalón szobrászai között még mindig ez utóbbi volt a legelfogadhatóbb müvész. De talán megvilágitja egymáshoz való müvészi viszonyukat az itt következö kis anekdota.

Egyszer meglátogatta Rodin Falguière-t a mütermében, éppen mikor Balzacot mintázta. Rodinnak nagyon megtetszett — nem a készülö agyagminta, hanem maga Falguière, a dolgozó müvész alakja. El is kezdte mindjárt mintázni, aminek Falguière nagyon megörült s hizelkedve azt mondta Rodinnak, hogy igy legalább megéri azt az idöt, amikor halhatatlanná lesz barátja vésöje által. Falguière aztán hamarosan meghalt.

Rodin nagygyá lett Balzacjával, Évájával, Rochefort- és Jean Paul Laurens-portréjával. Többi, ezek után készült szobrai, igy Mirbeau-é és sok portrészobra és kisebbnagyobb meztelen alakja vagy csoportja csak mintegy kiséröi ezeknek. Más szóval: ez utóbbiak nélkül is nagyember volna. Robusztus, mint Cézanne. Csak azt sajnálom mindig ilyen nagy embernél, hogy nagyon sokat beszéltet magáról, hogy például nagyon szereti az angolok hipokrata hizelgéseit. Emlékeztet ebben *Manet*-ra, aki hiuságból áhitozott mindenféle kitüntetésre Gervex beszéli ezt minden alkalommal, ha az ő művészetükről szó esik. Manet állitólag ő hozzá is elment — protekcióért. Annyi bizonyos, hogy Manet mindent megkivánt, amit az akadémikusok kaptak. Azt szokta mondani, hogy neki jobban dukál a kitüntetés, mint azoknak. És el is hihetjük Gervex-nek, hogy „a már öreg" Manet több emeletnyi magasságra sántikált fel hozzá, a még egész fiatal emberkéhez, de már zsüritaghoz, hogy pártfogását kérje. Protegálta is, mert, mondja, szerette az öreg művészetét. Furcsa kis történet, de elhiszem — Manetra vall.

De azért nagyokat kacagtam magamban, mikor egyszer itthon két nagyon is ismert nevü művészünk, egy szobrász meg egy festő, nagy hallgatóság előtt nagy hangon „tárgyalta le" Rodin mestert: mintha két macska prüszkölt és nyávogott volna az oroszlán gyengeségéről. Felesleges erőlködés gyömöszölni a ledisputálhatatlan nagyságokat.

Heves vitatkozások, eszmecserék természetesen Párisban is gyakoriak voltak a Balzac-szoborról. Egész irodalom fejlődött belőlük. De talán legjobban jellemzi a vélemények kicsucsosodását az a rövid szóharc, mely Rodin egyik lelkes hive s egy Falguière-barát között csattant el a Balzac-szoborról. Falguière embere zsáknak mondta Rodin művét. No igen, felelte a Rodin hive, ha zsák, hát legyen zsák, de Falguière szobra üres zsák, Rodiné meg teli zsák.

Hogy mily nehéz küzdelemmel járt különben Rodin érvényesülése még otthon is, a franciák között, annak bizonyságául álljon itt az a kómikus eset, mely a Balzac-szobor kiállítása alkalmával történt a Szalónban s amely egyuttal karakterisztikuma a nyárspolgári izléstelenségnek, mely minden uj művészi megnyilatkozásnak gátja s ha csak lehet, megrontója. Megnyilt a régi Elisée — Szalón helyén, uj kiállitási épületben az uj Szalón, mely a kétféle Szalón művészeit egyesitte magában. Már elvonultak tudniillik a régi és a marsmezöi Szalónok fölött a korábbi elválás okainak felhöi, a marsmezei elvesztette már forradalmi jellegét és kezdett beleolvadni — visszaesni — a régi Szalón tradicióiba : összeölelkeztek hát ujból s együtt jelentek meg a nyilvánosság előtt, igaz, a kiállitási helyiségekben még — egyik egyikfelől, másik a másik felöl — elkülönitve. Itt, a szobrászoknak szánt helyen — s külön jól kijelölt helyen — állitotta fel Rodin az uj korszak legeredetibb szobrát. A köztársaság elnöke most is, mint minden évben, nagy, hivatalos környezetével megjelent a Szalónban. Megjelent és végignézte a kiállitást. Végignézte, de a Rodin Balzacját nem látta. Nem láthatta, mert — most következik a nyárspolgárizlés diadala, az a könnyfacsaró kómikum, mely ime még Párisban sem menti meg a művelt köröket az utólagos szégyenkezéstöl. Az történt tudniillik, hogy az elnök szeme elől eltakarták a szobrot, egyszerüen befedték ruhával. Mikor aztán az elnök elhaladt mellette és távozott a helyiségböl, akkor levették a szoborról a leplet. Féltek, szegények, hogy az elnök megijed ettől a Balzactól, söt nemcsak megijed tőle, hanem talán még véleményt is mond róla. És történt ez Párisban, a művészvilág centrumában, a világ legelső szalónjában, a köztársasági kormányforma idejében.

Vagy hát igazán komoly kérdés az, hogy mi egy laikus nagyurnak véleménye a művészetröl? Mit szóljunk akkor mi magyar művészek?

Rodin rajzai is szépek, érdekesek, de nem tartom őket egészen eredetieknek. Ő már az uj korszak művészi dolgaiból meritett, hiszen azelőtt nem igy rajzolt.

Cézanne ebben is markánsabb és jóval megelőzte Rodint. Cézanne nem azért rajzolt, mert divat volt rajzolni, mint azt mai napság is teszik, hanem mert neki a rajzban is volt külön mondanivalója. Rodin festői hatásokat keres, mint szobrász, ami sokat levon monumentalitásából. Cézanne mindig megmarad a darabos, de jó festönek. És mert mindig annak marad és mert műveinek legfőbb elementuma

az egyéniség: ma őt tartom az összes művészek legnagyobb mesterének. Hiába beszél mást *Picasso*: ebben van a művész legnagyobb ereje. A sajátos egyéni interpretálásban. Ezért nagy Michelangelo, ezért nagy Greco, ezért nagy mindenki, aki valaki, ezért nagyok a sokszor névtelenül ránkmaradt legrégibb nagyok is. Semmi másért. Ha visszamegyünk a régi egyiptomiakhoz, ott is azt látjuk, hogy minden igaz — bár névtelen — művész megkülönböztethető interpretálási módban egymástól, noha motivumaik, sőt izlésük is sokszor hasonlók. Tévedés azt hinni, hogy azok mind egy vésővel, egy anyagból, egy edényből dolgoztak: kiérzik köztük is minden egyéniségnek külön lelkivilága, intelligenciája, individuális felfogása.

Raffaelliről is kellene még a franciák között beszélni, mert ő 1888-tól 1894-ig egyéni, jóizlésü, érdekes fakturáju pikturájával vezetett. Whystlerrel tehát egyidejü, de a Whystlerénél modernebb sikere volt neki. Jobban bele is illett az akkori keretbe, de, sajnos, napról-napra banálisabb lett. Sokat dolgozott, mindenbe belekapott, Amerikában prelegált a művészetről, könyvet is irt, azt is olyant, amilyent az azóta már szintén meglehetősen elévült Fromentin előtte sokkal jobban megcsinált. Ma már ő is Gervex, Besnard, Zorn sorában emlithető. Ami nem azt jelenti, hogy elmaradt, nem uszott az árral, hanem csak azt, hogy a modern piktura nézőpontjából tekintve, napról-napra rosszabb műveket alkotott. Ugylátszik, ő is elkezdett ugy gondolkodni, mint Jeanniot: kell ám valamit a levesbe is apritani. Röviden: megalkudott az élettel s igy mi, akik azelőtt szerettük művészetét, már nem tartjuk érdekesnek. Nálunk, hogy ugy mondjam, lekerült a napirendről. Pedig jól emlékszem arra az időre, mikor Arsène *Alexandre* kikiáltotta a legnagyobb francia festőnek. Amikor ez a kikiáltás a „L'Eclair"-ben megjelent, irója még nem volt tisztában a háta mögött előre törekvő talentumokkal, kik bizony akkor már legszebb korukat átélték s legszebb munkáikat befejezték. Ha nincs az a hamis művészi áramlat, mely a Marsmezei Szalónban immár megsavanyodva az „uj modernek" titulus alatt mozgott: bizony e tehetségesek, a *Durand-Ruel, Vollard, Barc de Boutville, Revue Blanche, Mercure de France* alakjai, jóval előbb révbe jutnak és ma másképp állnának a művészeti viszonyok. Mások lennének a festők, de különösen mások a szobrászok, akik rettenetesen visszamaradtak az egész vonalon. De hát, ha egyéb baj nem volna, mindenütt van egy közmunkatanács, vagy egy hivatalos klikk, amely mindig későn veszi észre vagy elmulasztja észrevenni az észreveendőket és elárasztja infámis rossz szobrokkal az egész világot. Párist is, hát még Berlint, hát még Budapestet! Igazán kár, hiszen például nekünk is vannak tehetséges szobrászművészeink . . .

TÁRSASÁGOK.

AZ ARCNÉLKÜLI ARCKÉP MODELLJE. IRÓ-, MŰ-
BARÁT- ÉS SZINÉSZ-ISMERŐSÖK. EGY SZESZTŐL S
EGY ASSZONYTÓL RÉSZEG KÖLTŐ. IZLÉSES SZIN-
LAPOK MEG EGY MODELLBŐL LETT SZINÉSZNŐ.

Sokszor mondták már, miért nem csinálok iskolát, de
sohse tudtam, nem is szerettem volna e kivánságnak eleget
tenni. Claude *Monet* szavai jutottak ilyenkor eszembe a
szerényebb értelmükben: minek nekem az inas, hiszen
magam mosom a pemzlimet.

Közvetlen tanitványom nem is volt más, csak a már
emlitett ifjabb *Maillol.* Hacsak még a *„Pubit",* a 11 éves
Martyn Ferencet nem számitjuk annak, aki itt a kapos-
vári tanyámon rakoncátlankodik s bebelopózkodik mű-
helyembe, szivesen tisztogatja pasztelles skatulyáimat, hogy
a kisebb krétadarabokat megkaphassa. Sok tehetséget látok
benne. A legjobb megfigyelök egyike, kiket valaha láttam.
Többnyire emlékezetből rajzolja vagy festi érdekes, korát
messze meghaladóan okos dolgait. Minden erőltetés vagy
szisztematikus oktatás nélkül figyelmeztetem erre is, arra is,
aminek fejlődése érdekében éppen szükségét látom. Mond-
hatnám, minden munkája meglepetés. Csak aztán ez az elöle-
gezett elismerés ne ártson meg neki. Lesz-e belöle festő, az
most még nem látszik meg, hiszen iskolai könyveit is sze-
reti egy kissé, de még jobban szereti hajszolni a „Tatárt":
szeret kocsiskodni szamárkordénkon. Most meg legutóbb, a
kis Anella, feleségem hugocskája került hozzánk: korához
képest ő is meglepő rajzokat pingál tintába mártott lud-
tollal.

De azért azt megtettem még Párisban, hogy a Mme
Leroy d'Etiolles női festőiskolájába, az ő hivására, többször
elmentem és tanácscsal, festőeszközzel segitettem tanit-

ványainak. Maga a müvésznő „beérkezettebb" müvész volt nálamnál, hisz aranyérmes kitüntetettje volt a régi Szalónnak. Ugyanaz az asszony, kit kétszer is lefestettem, mint hosszu, fekete ruhás alakot, amint mindkét kezével a magasba nyul egy vázával. Ezért s ezekkel egyivásu és hasonló fakturával készült képeimért vágtam zsebre akkortájt a legtöbb gunykacajt. A pellengérre állitás módja, igaz, uri tempóban történt. Annyira elvált a festmény, vagy inkább grafika, mások kiállitott müveitől, hogy azoktól — a megbélyegzendő különvalóság fokozása végett — még jobban izolálták : körülrakták szép zöld növényzettel. Csakugyan igy feltünőbbé váltak a többi között. Észre is vette a király, meg is mondta róla a véleményét : „Hiszen ez nem olajfestmény, ez csak szénrajz." Én ugyan nem értettem meg, hogy mi ebben a korholás vagy fejedelmi megrovás, mint irták. Én egész természetes megjegyzésnek találom ezt, mert a kép tényleg nagyon emlékeztetett a szénrajzra. Ez irásokban valahol azt mondtam, hogy sohase törődtem vele : mit mondanak a bármily magasságból elhangzott hivatalos vélemények. Ezt itt se korrigálom, hanem csak magyarázom : igen is, olykor bizony törődtem velük, de csak negativ értelemben, mert néha bizony megnyugtattak müvészi elveim helyessége felől az ilyen hivatalos korholások. Mindig jó jelnek találtam, ha rosszaknak vagy bolondos dolgoknak tartották képeimet olyanok, akik nem értenek a müvészethez. Viszont soha rosszabb hatása véleménynyilvánitásnak nem volt reám, mint mikor müvészileg nem müvelt emberek jónak találták dolgaimat, vagy dicsérték azokat — divatból.

❖

Egy másik ismerősöm, akit talán nem érdektelen itt felemlitenem, Alfred *Jarry* volt, a fiatal iró. Gondolom, még a Lautrec-társasággal való megismerkedésem előtt történt ez az ismerkedés : egy fiatal irókból álló társaságban, mely a Rue Saint-Honoré egyik korcsmájában szokott találkozni. Ide tartozott a duplanevü Hirsch is, aki most már

rendes irója a Figaro-nak, ide járt ennek a bátyja is, talán Cremnitz költő is, — kiről később a Nemes Marcell tulajdonában levő pasztellképemet festettem — és mások, köztük az emlitett Jarry. Ugyanaz, akinek különcködéseiről eleinte sokat beszéltek: elöbb halálfejekkel kirakott szobája volt sokat emlegetett, majd „Ubu, le roi" darabja, mely a „merde" szóval kezdődött. Tehetséges, érdekes ember, aki később komoly irásra szánta magát: a Revue Blanche hozta kritikáit. Ugy látszik, tetszettek neki dolgaim, mert „Öreganyám" képének kiállitása alkalmával csak erről, továbbá Whystlerről és Cottet-ról beszélt irásában, a többi ezer képről hallgatott. Életrajzom megirásával is fenyegetett, de ezt nem válthatta be, — én hazautaztam Párisból.

⁕

Finom lelkü svájci ember, kivel Párisban relációba jutottam: Jean Schopfer (Claude Ahnet). Mme Cuenodnál, egy szép fiatal asszonynál találkoztunk, aki most egy svájci miniszter felesége. Schopfer egy igen gazdag és szép amerikai leányt vett feleségül, akitől később elvált. Maillol tanitványa volt különben s talentumos szobrásznak indult, — asszonynak is gyönyörüszép. Hozzájuk voltunk járatosak, pompás vacsorákat költött ott el az egész Lautrec-társaság. És mindnyájan képeinkkel is képviselve voltunk náluk. Örömmel gondolok reá ma is, mert jóformán az ő révén ismerkedtem meg barátaimmal. Abból az alkalomból, hogy ő Natansonnál egy minden izében magyaros vacsorát rendezett, pörköltet turós csuszával, tokaji itókával és minden egyéb magyar jóval, nem felejtve ki — nagy örömömre — az akkor kiállitott „Öreganyám" dicséretét sem. Mert hát bizony csuszánál, tokajinál jobban esik az idegenben is az embernek, ha olyanokkal találkozik, akik művészi törekvéseit értik és méltányolják. Ilyen egymás iránt való öszinte tisztelettől átitatott társaságot azelőtt együtt még sehol sem láttam. Akinek felesége volt, feleségestöl volt jelen. Hanem a csusza megmutatta magyar voltát: emlékszem, Ranson-né, Roussel-né nem tudták lenyelni, csak a két Schopfertestvér — akkor még maguk is legények — legénykedtek vele s mohón fogyasztották azt a pörkölttel egyetemben. *Natanson* kis felesége, aki lengyel leány volt s aki azóta elvált az urától, ma is egyik legbájosabb és legokosabb párisi asszonyka. Röviden csak *Missiá*-nak hivtuk, ahogy ök engem Ripproné-nak neveztek. Legutóbbi párisi látogatásom alkalmával, mikor különben nagy barátsággal beszélgetett elvált férjéről, kiderült a menyecskéről, hogy spanyol festőnek lesz most a felesége, azé, aki Picasso diplomata természetéről mondott nekem ujságokat. Erdekes ám ennek a szép asszonynak a lakása is a Quai Voltaire-on. Zöld butoros sárga ebédlöben vendégelt meg bennünket. Az egyik szekrény szebbnél-szebb, mübecsü legyezökkel, a másik remek üvegedényekkel van tele. Az egész ház a legjobb izléssel van berendezve, minden művészi kézzel összeállitva, butor és minden egyéb. Ahány szoba, annyi szinharmónia : hercegi módhoz méltó muzeum. A kandalló mellett ült Missia, bő fekete atlasz-ruhában, merész viola szinü fátyollal átkötözve, ezüst török papucs a lábán.

Natansont, elvált férjét, már többször emlitettem. Ö az, aki Octav *Mirbeau*-val a „Foyer"-t irta, aki *Bernsteinnal* megverekedett, aki a fiatal művészgárdát tenyerén hordozta, szerette, lanszirozta. Igen gazdag varsói lengyel-zsidó családból származott; állandóan Párisban laknak s francia alattvalók lettek. Sokat élt közöttük Toulouse-Lautrec. Ezeknél, a Revue Blanche szerkesztőségében, fedezte fel Mirbeau Ernest La *Jeunesse*-t. Itt élt Felix *Féneon*, aki most Bernheimék jobbkezévé lett. Ö rendezi a mostani modern mükiállitásokat, ottlétem alatt kettőt is, *Matisse*-ét és *Bonnard*-ét. Ö volt azoknak a kritikusoknak egyike, kik az impresszionizmussal először foglalkoztak az első impresszionista kiállitáson, amelyet én, sajnos, még nem láthattam, mert nem voltam még Párisban. Claude *Monet, Manet, Pissaro, Renoir, Degas, Boudin, Monticelli* és *Sisley*-röl beszélt leginkább, mert akkor még *Cézanne*-t, *Gauguin*-t, *Van Goghot* nem igen ismerték. *Rodin*-t, *Raffaëlli*-t már inkább, mert ök együtt szerepeltek, a már emlitett *Whystler*-t, aki

1892 körül, a Szalón kettészakadása idejében, kezdett nagyobb hirre vergődni Párisban.

A Whystler-láz idején szólamlott meg az irlandi Oscar *Wilde* és indult a franciáknál is hirnek *Beardsley*, az angol rajzoló : mindkettő sok érdeklődőre akadt Párisban. Wilde eljárt a legintellektuálisabb társaságokba ; a Revue Blanche is erősen favorizálta, sokat foglalkozott müveivel, különösen nagy és érdekes paradoxonokkal teli mondásaival. Mindig sajnáltam, hogy csupa véletlenségből kikerültük egymást, holott körülbelül ugyanazokban a társaságokban fordultunk meg mindketten. Legtöbbször a Monte-Parnasse-vasutállomás melletti kávéházban, a Café l'Avenue-ben volt esténként. Ugy emlékszem, jó ismeretségben volt *Jean Lorrain*-nal, *Montesquieu-Fesensac*-val és *Gandara*-val s valószinüleg *Caran d'Ache*-sal is, mert ezek egy társaságba tartoztak és — ha nem csalódom — *Whystler* is többször megfordult köztük s egy időben *Dussotoy*, a muzsikus és *Helleu*, a festő.

Közülök *Gandara* is feltünt mint értékes művész 1890 körül, de azután évröl-évre inkább a megalkuvók természete jutott benne uralomra: hercegnők, nagyurak festője lett ugy mint Angliában Sargent. *Helleu* tovább tartotta magát, de ő is visszaesett: gyártja az angol lapoknak időhöz, helyhez, tiszteletdijhoz kötött rajzait és metszeteit.

Ebbe az időbe esik az olasz *Boldini* hirre jutása is, azé, aki most elég rossz festő, de retlenetesen ügyes.

Egy másik kávéházban, a Szajna mellett, a Boulevard St. Michel tájékán, az állandóan két szeretővel biró költö, *Verlaine* volt gyakran látható. Itt is ismerkedtem meg vele, akkor is absynth volt elötte, akkor is meglehetősen részeg volt már a sánta öreg. Egy tehetségtelen fiatal festö társaságában ült ott, akinek a neve kiesett már a fejemböl s aki részt vett a „Les Cents" kiállitásán, melyen én is részt vettem: itt is csupa Verlaine-rajzot állitott ki — egyik rosszabb volt a másiknál. S hogy ide sorozzam az ide-valókat, fölemlithetem, hogy Rodin tanitványa, *Niederhausen-Rodo*, ugyanitt állitotta ki az általa mintázott Verlaine-büsztöt. Egy barátom volt különben az: Henri *Bourbon*, a Bichat-kórház asszisztens-orvosa, aki az öreg költöt több-ször besegitette a kórházba. Állandóan be volt már sze-génynek kötve az egyik lába s nyakán is mindig viselte vörösbarna kendőjét, ahányszor csak láttam.

❖

Egy másik igen érdekes társaság fordult meg akkorában minden kedden este Stefan *Mallarmé* iró lakásán. Ide járt rendesen Whystler is és behuzódva egy sarokba, a füstön át hallgatta a házigazda virágos nyelvezetü beszélgetését. E társaság irótagjai is, Mallarméval együtt a Revue Blanche és a Mercur de France favorizált irói voltak, akik itt szinte az utolsó leheletig való védelmet és pártfogást találtak a konzervativ részről feléjük dobált sok gáncsoskodó támadás ellen. Volt rá ok bőven, hiszen ezeket a nagytehetségü irókat épp ugy meghurczolták a „hivatalos" irók, mint az impresszionista festöket a „hivatalos" festök s a velük egy-ugyanazon kemény koponyából gondolkodó más kabátos emberek.

Amikor én kimentem Párisba, akkor még *Rimbaud* szelleme járta, de ez lassanként elcsendesedett, Rimbaud maga is meghasonlott önmagával és irásaival. És, ugy-e, ha csak ezt az öt nevet emeljük ki a küzdelemből: a Verlaine, Mallarmé, Puvis de Chavannes, Rodin, Cézanne nevét, — már akkor rámondhatjuk, hogy szép és „eredményes" korszak volt ez az uj korszak.

Stefan *Mallarmé* „Les pages" cimü szép könyvét, amelyet Bruxellesben nyomtak, már 1894 körül lapozgattam. Az imént emlitett orvos, Bourbon doktor, dedikálta nekem annak egy példányát; én pedig — elég szerénytelenül — beletettem a könyv lapjai közé olvasás közben csinált kis, konturos, szines rajzaimat dekorációnak. Nagyot is néztek francia barátaim, mikor először meglátogattak Neuillyben és ott találták asztalomon *Mallarmé*-nak „általam illusztrált" könyvét: azt hitték, a rajzok csakugyan illusztrációk, a könyv hozzátartozó, kiadott részei. Hogy jutok ilyen megtisztelő megbizáshoz? Mondom, hogyan jutottam, a könyvet pedig, melyet ritka szép nyelvezete miatt sokan ekcentrikusnak találtak, én éppen ritka szép nyelvezete, annak szinte parfümös illata miatt, nem győztem eleget olvasni. Mellette csak *Rabelais*-t és *Ronsard*-t szerettem forgatni.

Ebből a társaságból nőtt ki később Henri *Regnier*, a monoklis, nemes francia, *Wiel-Griffin*-nel együtt és az egész iskola, mely nyakrafőre aratja az irodalmi babérokat épp ugy, mint a képzőművészet akkor fejlődött uj korszakának emberei.

⁎

Szinházakról, szinésznőkről is kellene egyetmást mondanom.

Ők épp ugy, sőt az anyaghoz kötött képzőművésznél természetszerüen közvetetlenebb munkásai voltak annak a nagy kulturális evoluciónak, mely a francia fővárosban az utolsó két évtized alatt lefolyt.

És ide tartoznak — talán még gyorsabb tempóju munkásságukkal — a lapok irói. Hiszen egyes ujságok óriási müködést fejtettek ki, hogy felemeljék vagy ledöntsék az uj korszak zászlótartóit.

A harc mindenkép érdekes volt, amint ez már az irodalom és művészet egymásra való kölcsönhatásából is következik.

De hagyjuk a nagy evolució leszürődéseinek összefoglaló munkáját későbbi emberekre, — most pletykázok még egy keveset, szólok egy-két értékes emberről, apró dolgaikról: ezek sokszor érdekesebbek a masziv „tanulmányoknál".

⁎

Egy alkalommal Francis *Chevassu*-hoz voltam hivatalos ebédre. Ott volt *Talmayer, Coquelin* Cadet, Jules *Bois* és sok más intellektuális ember. Csupa férfi, asszony egy se: ami Párisban ritka eset.

Asszony nélkül lenni egy egész nagy ebéd alatt : ott majdnem elképzelhetetlen valami. De ha nincs asszony, akkor legalább beszélnek róluk ilyenkor. Talmayer érdekes beszélgetését hallgattuk is nagy figyelemmel. Beszélt Sarah Bernhardról, sokat, különösen abból az időből valót, mikor a nagy Sarah minden áron szeretőjévé (ott ugy mondják: barátjává) akarta tenni és tette is az öreg hires embert, Victor Hugo-t. A fiatalos öreg ur hires volt arról, hogy estélyein késő éjjelig is elborultan üldögélt karosszékében, de mikor a társaság távozott tőle, kapta magát és — persze jól bepezsgőzve — fiatalosan elment egyik vagy másik szeretőjéhez. Nyilván nem tehetett róla, de nagyon szerette az asszonyokat. A nagy Sarah is célt ért nála, de Talmayer szerint nem sokáig boldogult vele, mert az öreg ur — irodalmi téren még talán győzte volna, de a szerelemben ... A pezsgőt sem szerette már, hanem, ami a fizikailag tönkrement párisiakat jellemzi, nyalánkságokon, édességeken, de különösen sok narancslén tartotta magát. Lázas embernek hüsitőre van szüksége. Le is hült: bele is halt a nagy hüsitésbe. Mondta Talmayer azt is, hogy hányadik áldozat volt Victor Hugo, de bizony már elfeledtem: mindegy, hiszen ezt ő maga sem tudhatta valami nagy biztossággal.

❖

Coquelin Cadet, a nagyhirü szinész, nemcsak mint jó monológművész tünt ki a párisi szalónokban, hanem azzal is, hogy az uj művészgeneráció lelkes amatőrje volt. Minden oly művészt, aki feltünt a kiállitásokon s akire őt intim barátja, Arsène Alexandre, a hires kritikus, figyelmeztette, megkeresett, megismerkedett vele és vásárolt tőle. Az illetőnek nemzetiségére és egyéb viszonyaira nem volt kiváncsi: csak a művészt kivánta meg belőle. Mikor szintén jóbarátja, Saint Marceau révén rám került a sor, lakása összes termeinek falai már telistele voltak szebbnél szebb festményekkel, rajzokkal, asztalai, kandallói művészi tárgyakkal, kisebb szobrokkal — mindazoktól a művészektől, kikről itt megemlékszem. Az én pasztelljeim a hálószobájába kerültek.

Coquelin többször beszélt egy, a Szalónban kiállított rózsás-kalapos nöt ábrázoló képemről, melyet „tête printennière"-nek nevezett el s melyhez hasonlót szeretett volna, mert ez már nem volt kapható. Egyszer aztán, mikor *kellett* volna valamit eladnom, elmentem hozzá egy képemmel. De ezt nem szerette ugy, mondta rá, hanem (észrevette a „helyzetet") csináljak inkább majd róla egy „együléses" dolgot kétszáz frank honoráriumért — ime a pénz. De nem csináltam. Pedig nagy fejének egy nekem dedikált fotografiáját is mindjárt ideadta, hogy nézzem meg néha, „tanulmányozzam", annál rövidebbet kell majd ülnünk a staffelei mellett. El is jött egyszer hozzám — a barátnőjével. És akkor észrevette, hogy nekem megakadt a szemem a barátnőjén. Tetszett: vörös volt a haja, blafard fehér az arca és igen vörösre festettek voltak az ajkai. Most a monológmester elállt előbbi szándékától és arra kért, csináljak hát inkább egy pasztellt a barátnőjéről. Meg is csináltam. Szegényt azóta se láttam: én is elutaztam Párisból, ő is elutazott az őrültek házán keresztül oda, hol már nem kell neki sem a barátnője, sem a képmása. Előzőleg gyakrabban meglátogattam a Comédie Francaise-ban. Ott is több festményt mutatott, többnyire az ő képmásai voltak, különböző szinpadi szerepeiből, a legjobb nevü festőktől is, mind máskép felfogva, máskép festve — változatos, érdekes képsorozat ugyanegy emberröl, egész kis Coquelin-galéria.

Egyébiránt inkább az *Antoine* és *L'Oeuvre* szinházakba szoktam eljárogatni. A többi nem igen vonzott: Sarah Bernhard nélkül is el tudtam lenni. Szerettem művészetét a Coquelinéval együtt, de a Rostand-féle darabokat banálisaknak tartottam mindig — máig. Az Antoine-ban minden szinész szimpatikus volt, de maga Antoine volt a legvonzóbb alak. Igazi nagy alakitó művész. Legtöbbször — ugy, mint a mi kedves Ujházink — ő se tudta a szövegkönyv ráeső részét, de azért nemcsak mindig „feltalálta magát", hanem a legtermészetesebb és legigazibb művészettel gyönyörködtette közönségét megint ugy, mint Ujházi. Ami bizony inkább „csak" a literátus elemeket vonzotta. Igy a *Lugné-Poe* igazgatta L'Oeure szinház is, a Rue de Clichy-ben, a Casino de Paris épületében. Ugyanaz a publikum járt ide, amely amoda járt, bár itt az igazgatón és Suzanne *Després*-n kivül tulajdonképen mesterségbeli szinész nem is volt, lévén a többi előadók kikölcsönzött alakok, vagy többnyire magunkfajta művész és iró emberek, vagy még csak montmartre-i palánták.

A dekorációk festői többnyire az én barátaim közül kerültek ki. Dolgoztak ott *Serusièr, Denis, Vuillard.* Egyszer én is mázoltam a szinpadra lefektetett vászonra valamelyik Maeterlinck-darabhoz egy nagy virágos falat. Előadták *Ibsen, Björnson, Hauptmann,* Alfred *Jarry* darabját, de főleg Ibsen volt a szenzációs vonzóerő. Tele is volt mindig a szinház, pedig a játék rossz volt. Suzanne *Després* még akkor fiatal kezdő, Lugné-Poe tanitványa : maguk a darabok vonzottak bennünket a szinházba szociális és morális értékükkel. Itt ismerkedtem meg, a szinházban, Maeterlinckel, más alkalommal a fiatal szinházdirektorral, Björnsonnal. A szinlapokat is — kis papirlapokra — többnyire az én barátaim, *Denis, Bonnard, Ranson* csinálták. Láttam ugyan másoktól, például a lélekben különben is társaságunkhoz tartozó Edward *Munch*-tól is ilyen művészi izlésü szinlapot, de például az „Elsülyedt harang"-ét már ismét Ranson készitette.

Lugné-Poe igen jó izlésü fiatalember volt, nagyon együtt érzett a fiatal, modern törekvésü művészekkel s kis képgyüjteménye is volt. Després-t ő nevelte művésznövé. Mikor ez még „csak" modell volt, 1888-ban, az isten háta mögött, az erőditések mellett való Rue Aumont-Thievillebeli műtermemben nekem is volt egyszer modellem. Naponként a kis korcsmánkban, *Beguin*-nél, a „Bilboquet"-hez cimzett mastroquetnál találkoztunk. Akkor is feltünt már, különösen fekete ruhájában, igen halavány s kissé szeplős arcával — szomoru arcával és remegő hangjával. Egyszer, mondom, elhivtam „ülni", el is jött, ült is, de ez az ülés valahogy nem sikerült. Nem miatta, inkább a külső körülmények miatt: műtermemben is szomoru volt a hangulat, ő is kedvetlennek, morózusnak látszott, nem érezte jól magát, én se magamat, beszélni sem tudtam vele, akkor még nem tudtam franciául, — befagyott az egész dolog, sőt nem is hivtam többször. Lugné-Poe barátnője, felesége, majd primadonna lett. Ma oly hires művésznő, hogy talán könyörgésre sem ismerne reám.

Az élet labdát játszik az emberekkel!

RÖVID KIRÁNDULÁS NYUGATRÓL NYUGATRA.

ÁLLOMÁSOK : DREZDA, BERLIN, PÁRIS, MÜNCHEN, BUDAPEST. JEGYZETEK KÉPTÁRAKRÓL, KÉP-KIÁLLITASOKRÓL, FESTÖKRÖL, KERESKEDÖKRŐL

Legutóbbi — 1910 tavaszán történt — európai kirándulásomról, melynek benyomásairól párisi művészbarátaim életmódjának ismertetése közben már megemlékeztem, még néhány tapasztalatot jegyzek itt fel azok számára, kik a modern festészet iránt érdeklődnek.

Drezdában, első állomásunkon, nagy művészi élvezetben volt részünk. Itt van művészet a régi képtárban : a régi nagy művészek „becsületes" művészete. A mai kor szelleme, művészete csak itt-ott lappang — egy vagy két rossz izlésü műkereskedő kirakatában. Legnagyobb modern művészi esemény az, ha E. Arnoldnál a litografiákat és másfajta reprodukciókat lapozgatjuk. Igy van ez különben a Kupferstichkabinetben is, azzal a különbséggel, hogy itt a legremekebb Goya-, Rembrand-t és Dürer-rajzokban is duskálhat az ember. Kiváncsi voltam, vajjon a mi régibb párisi litografálásunknak van-e itt nyoma. Van : a galériának jóizlésü direktora, Lehrs, gondoskodott arról is, hogy a Vollard által kiadott litográfia-gyüjteményt beszerezze — Redon, Rodin, Bonnard, Toulouse-Lautrec, Pitcairn-Knowles, Renoir, Degas, Cézanne, Van Gogh, Denis, Séruzier, Ranson, Vuillard, Valloton, Rippl-Rónai stb. nevekkel. Ujabban az uj, rembrandtos rajzu Foraineket is megszerzi, amelyek azonban már nem az igazi Forrainek és nem is jók. Azután ott találtam a Bing kiadásában megjelent bibliofil testvérkönyvet is („Les vierges" és „Les Tombeaux"), amelyeket Pitcairn-Knowles és én csináltunk a „L'art nouveau" számára ezelőtt tizenhat évvel.

Egy Zorn-kiállítást is láttunk E. Richternél. Itt Zorn „legjobb" dolgai voltak kiállitva. Nem tudom megérteni, hogy még mindig akadnak bámulói ennek a se hideg, se meleg művészetnek. Rossz akadémiának látom én ezt, nem egyébnek. Legalább azok, akik Greco-t, Goya-t, Cézanne-t szeretik, akik Puvis-t, Renoir-t, Delacroix-t nagy művésznek tartják, vagy akik Corot-t, Daumier-t, Ingres-t bámulni tudják, semmiesetre sem lelhetik kedvüket az ily kvalitásu művész munkáiban, akiben mindenek felett a technikai nagy rutin dominál. Azt mondják különben, maga is rájött már erre s most már balkézzel dolgozik.

A régi galériában mesésen szép dolgok vannak, de az uj képtárban annál több a rossz. Nagyon emlékeztet ez a mi képtárunknak külföldi modern osztályára. Magasan kiemelkedik itt, a drezdaiban, egy szép Courbet. Amilyen kiválóan jó ez, oly rettenetesen rossz a nagy Makart-kép. Courbet mellett Menzel, Thoma, Uhde, Munkácsy, Böcklin is sokat veszitenek.

Ha Drezdára visszagondolok, mindig Giorgione, Cranach, Van der Neer, egy hosszukás, pompás Botticelli, Tintoretto kitünö portréi jutnak eszembe, meg ez az egy Courbet.

⁂

Drezdából *Berlinbe* vitt az utunk: a csendes Drezdából a zajos, amerikaias nagy Berlinbe. Én, aki tizenhét éven át Párisban éltem, alig tudtam beleszokni ebbe az éktelenül lármás városba. Gyönyörüvé, nagyszabásuvá teszi a várost a közepén elterülő, nagy öreg fákkal beültetett Thiergarten és a Zoologischer Garten, amelyekhez méltó a Grunewald külváros, szép kertjeivel és villáival.

Berlin muzeumai elsőrendüek, ugy anyagban, mint elrendezésben, ugy az uj, mint a régi. *Bode* is, *Tschudy* is kitett magáért. Mindegyiknek nagy érdemei vannak. Sokat köszönhetünk nekik. Tschudy mellett, mint modern, jóizlésü embereket fel kell emliteni Meier-Graefet, Liebermannt, Slevogtot, Cassierert. Ezek nélkül kongna Berlin. Legszebb és legtöbb izlésre vall Berlinben *Liebermann*

gyüjteménye. Nála már régóta nem megy ujságszámba egy-egy jó Cézanne vagy Degas, egy-két erős Manet, Renoir. Nagyon artisztikus a háza, csak műterme semmitmondó kicsiny. Mintha művészete nem állana olyan magas fokon, mint kritikai képessége. A saját dolgai közt szerintem legértékesebbek rajzai és az azokkal ugyanegy szellemben, egy ülésre készitett művei, festményei — az ő szavaival élve —, tanulmányai és vázlatai. Képei, melyeket ezek felhasználával csinál, már nem ennyire sikerültek. El kell azonban ismerni, hogy ezekben a legegyénibb. *Slevogt* is igy fest, ilyen fakturával, csakhogy a Slevogt dolgai frissebbek, impresszionisztikusabbak és ezért jobbak, nekem legalább jobban tetszenek. Tekintve azonban, hogy Liebermannak nagy művészi multja van, sokat tanult, sokat dolgozott és buvárkodott és tekintve több komplet, szép dolgát, mégis — most — ő Németországnak legkiválóbb művésze. Ő mellé s talán fölé csak *Kalkreuthot* helyezném.

A mi — *Meller* Simon rendezte — kiállitásunk a berlini Szecesszióban igazán művészi esemény volt. Nem is hiszem, hogy a mai német művészek ilyent ma produkálni tudnának. (A másikat, a *Térey* rendezte hivatalos jellegüt, nem láthattam.) Ellenben nagyon értékes kiállitást rendezhetnének a németek Marées, Leibl, Menzel, Böcklin, Thoma, Kalkreuth, Uhde, Liebermann, Slevogt, Oberländer, Heine képeiből, Klinger szobraiból és még egy pár jobb régibb művész műveiből. Mindegyikük munkásságának legjavát látni, nagy művészi élvezet lehetne.

Meier-Graefenek, Cassirernek Liebermannak, különösen a mai kiváló francia művészek iránt való lelkesedése, nagyon elősegitette azt, hogy ma Berlin művészi kiállitások gócpontja lett. A jó izlés itt határozottan, napról-napra növekedik. Kár, hogy minden német ember kritikus és pedig unalmas, rossz kritikus s talán jellemző adatként jegyezhetem fel, hogy Meier-Graefe szerint Berlinben csak Liebermann ért a művészethez, senki más. Az olyan műbarátok száma, kik lelki szükségből szereznek műtárgyakat, szemlátomást gyarapodik. De azért, — hogy közbevessem

— a „műérdeklődés", a művek pénzért való beváltása, jóval alatta áll a moszkvai vagy pétervári viszonyoknak. Ezt ottlétemben, 1901-ben tapasztaltam. A legjobb modern művészek művei már mintegy 15 év óta Moszkvában vannak. Különösen a moszkvaiak még a párisiakon is tultesznek, pedig Párisban csakugyan nagyok a műbarátok.

❖

Párisban jóformán a legjobb modern műalkotások magánképtárakban vannak, szerencsére oly módon, hogy helylyelközzel az érdeklődő közönség — különösen a művészvilág is megtekintheti őket. Ilyen például Pellerin gyüjteménye, akinek most, miután Manet-in tuladott, csak Cézanne-jait őrizte meg, de ezek aztán a legszebbek. Csudaszépek. Élete minden korszakából, kezdve a Daumier, Courbet befolyásától, egészen haláláig, amikor odáig emelkedett, hogy csak Delacroix-t tudom föléje helyezni.

Nagyszerü kollekcióra bukkan az ember Fayet házában: van itt sok Gauguin, Van Gogh, Monticelli, Maillol, stb.

Nagyon sok örömet okozott nekem Vollard és Bernheim műkereskedők lakása is. Mindegyiknél özöne a szép művészi alkotásoknak, Mindegyiknél Cézanne vezet, a többieket, Manet-t, Monet-t, Renoir-t stb., ha szépek is, csak utána lehet emliteni. Bernheimnél egy igen szép régibb Bonnardra is akadtam.

Nevezetes eseménynek kellett volna lennie az Independents kiállitásának. Uj épület, harmincnál több terem, hatezernél több festmény és szobor. De aránytalanul kevés volt köztük a számbavehető mű. Mindenesetre még mindig a legeredetibb, legérdekesebb és legkövetkezetesebb festő itt a naiv *Rousseau*. Ha meggondolom, hogy mi volt ez a kiállitás ezelőtt husz-huszonhárom évvel s még régebben, Toulouse-Lautrec idejében, amikor az a bizonyos „fehér rámás társaság" volt benne együtt egy teremben! Akkor igazán művészi manifesztációszámba ment, mint a hivatalos Szalón visszautasitottjainak kiállitása. Ma ennek a nagy fölvonulásnak, ennek a sok, csak az Independent-kiállitás

142

számára csinált, összevissza mázolt vászonnak létjogosultságát el nem ismerhetem. Pedig a kiállitás megnyitása előtt sok reménységgel voltam eltelve, mert ami az intenciókat illeti, a legbecsületesebb társaságnak tartom a „Les Independens"-ét. Sok lemondással és nagy küzdelemmel jár az ilyen függetlenségre vágyó, bátor emberek dolga, de persze csak akkor, ha igazi müvészi szándék és nem sarlatánság rugója az ilyen magatartásnak. Az idén még a régi jók is nagyon silányak, éppen csak hogy beküldték névjegyeiket, hogy az uj nagy épület első kiállitásáról le ne maradjanak. Signac, az elnök és a többiek fölszóllitottak engem is a kiállitásra, de most már igazán nem bánom, hogy nem vettem benne részt. Nagyon szomoru képe ez a mai nagy müvészi evoluciónak.

Az első magánkiállitás, smelyet megérkezésemkor Párisban láttam, Matisse-é volt Bernheimnél. Majdnem minden nevezetes müvét együtt találtam, szó sincs róla, érdekes müvészjelenség. Legjobb dolgai közül való az a képe, amelyiken egy nő fésüli a másikat, — ez nagyon szép alkotás, — azután egy kalapos női arckép. Ezekben értelmes müvész és őszinte végesvégig. A többi régi és uj dolga azonban nem az, amit tőle vártam. Először is: semmi eredetiség bennök. Nagyon emlékeztetnek ugy festményei, mint a rajzai mások abbahagyott, be nem fejezett vagy sommair stádiumban megállott munkáira. Bizony korántsem az a müvész, akinek fölfujták. Ugy látszik, néhány kereskedöszellemü ember érdeke, hogy világgá menjen a neve. Elsősorban egész Moszkva hódolt meg neki. Mondják, csak ugy hemzseg ott a sok Matisse-kép. Nincs azonban kizárva, hogy egy ujj, frisebb generációnak ne használjon az ő uttörő szándéka.

Müvészkörökben egy másik müvészről is beszélnek most Párisban. Egy spanyoltól hallottam, hogy ez a müvész a legnagyobb diplomaták egyike. Picasso-ról van szó, aki szintén spanyol. Ennek inkább a müvészetről elhangzó nézeteit ismerem hallomásból. Azt állitja, hogy a müvészethez semmi köze a müvészi érzésnek, csak a tudás, az akadémia fontos; más szóval a művészet nem más, mint tudomány. Én azt hiszem, csak nagyot akar mondani, lényegben azonban egyetért velünk. A tudást én inkább mesterségnek tartom, éppen mert meg lehet tanulni. A művészetet nem lehet. Itt aztán hiába minden akadémia. Nemes Marcellnél láttam két festményét Picassonak. Ebből a két műből ugy itélek, hogy a festőjük legfőbb törekvése — egyéninek lenni, eredeti fakturával festeni. Aki viszont az ő régibb alkotásait ismeri, azt mondja, éppen ideje már, hogy Picasso az egyéniségét keresse, mert eddig a legtipikusabb epigonok egyike volt. Ha nem mondanák róla, hogy a legrutinosabb emberek közül való, ugy a mostani háromszög-szisztémáju, naiv előadásu képeit nagyobb érdeklődéssel kisérnők, mig igy csak furcsának és minden áron föltünőnek tarthatjuk legalább addig, mig el nem hisszük felőle azt, hogy művészi meggyőződéséhez semmi kétség nem fér. Általában, akik Picassot közelebbről ismerik, nem sokat tartanak felöle, de viszont vannak olyanok is, akik tüzbe mennek érte. Az ő műveit is az Amerikából beszármazott Stein-testvérek gyüjtik. Azonban meg kell adni, hogy ugy Picasso, mint Matisse, ha egymástól teljesen eltérő nézetekkel birnak is az igaz művészetről, mégis találkoznak egymással és velünk is abban, hogy az ősforrás vize a legfrissebb és legtisztább.

Ujból elállt az eszem a Guimet-muzeumban a perzsák, indochinaiak, kinaiak, egyptomiak nagy művészetének láttára. Eláll, azt hiszem, másoké is. Elállna, ha élne, Giotto-é is. Még a japánoké is.

❖

Münchenen és Bécsen átvezetett utunk hazafelé. Ezekben a városokban a régi mesterek közt nagyon feltünők: Tintoretto, Brueghel, Rembrandt, Greco, Goya. Azok a Tintorettók, amelyeket mostanában Tschudy szerzett meg, nagyobb kompoziciók, igazán diszére válnak a régi Pinakotékának épp ugy, mint a szép Greco és a Goya Meztelen kappana. Nagyon könnyü az áttekintése az olaszoknak is. Egész terem van tele szép olasz képekkel: két

144

sorban elhelyezve Philippo Lippi, Philippino Lippi, Perugino stb. Általán nagyon jól van rendezve a régi képtár. Sok rossz kép eltünt a falakról, sok rossznak hitt kép pedig előkerült, jó helyre került s igy jó képpé lett. Greco a Murillokat üti agyon, Tschudyt pedig, ki a képtárt jó képekkel gazdagitotta és elrendezte, Heinemannék és az öreges spiszbürgerek készülnek agyonütni.

Heinemann műkereskedőnél Szinyei Merse Pál kiállitása egy kis oázis volt, ahol az ember szivesen leült és szivta magába a képekből kiáradó jó magyar levegőt. Szinyei képeinek látása után a Heinemannál lévő immár ezer és ezer Grützner és Defregger-kép élvezete teljesen lehetetlenné vált. Ha azonban Heinemann ur jókedvében volt, akkor nagy kereskedésének egy eldugott részében megmutatta egy egészen európai nivón álló gyüjteményét is. Itt több szép Courbet, Goya, Corot, Constable, Turner látható.

Ránk nézve sokkal érdekesebb modern művészi hely a Tannhauser háza, ahol csak a legtipikusabb modern művészek műveit állitják ki. Már maga a lokalitás is vonzó és kellemes. Akkor készült Tannhauser bemutatni a Pellerin-féle, Berlinbe származott összes Manet-kat. Ezzel ütötte helyre azt a csorbát, amit legutóbbi, egész házát rossznál rosszabb impressziókkal megtöltő kiállitásával ütött. Vallotonnak is volt itt egy egész szobája, de nagyon gyengén mutatkozott be uj állomásán. Ilyen dolgokkal kár külföldre menni akkor, amikor valakinek oly szép multja van, mint neki. Tannhauser különben uj alak s mondhatom, nagyon szükséges ember Münchenben. Végre egy hely, ahol meg tudják védeni a mi törekvéseinket és ahol jól érzik magukat képeink.

A müncheni Szecesszió is megnyilt, de őszintén mondva — épp ugy, mint a párisi két régi Szalón és a bécsi Szecesszió — azután a sok szép dolog után, miket itt felsoroltam — éppenséggel nem vonzottak, nem is láttam egyiket se.

Végre a szép és tanulságos ut után itthon vagyunk a mi kedves Budapestünkön. Igazán örül az ember lelke, hogy itt még mindent, ami természeti szépség, nem rontottak el. Sokat köszönhetünk nyilván az atyauristennek, a nagy gondviselésnek, hogy kijavitja a leghihetetlenebb izléstelenségeket is — és szép marad a város. Kár, nagy kár, hogy ennek a városnak, ennek az istenadta szép fekvésü városnak majdnem mindig rossz tanácsadói voltak. Igazán nagy csapás! Ha hamarosan egyéb bajt nem állapitunk is meg, mint rámutatunk a dunaparti korzó elhamarkodott vagy rosszul épitett részeire, szük voltára, a villamos vasuthoz leszolgáló csuf kőbódékra, szebb tereinknek rossznál rosszabb szobrokkal való betömésére, utcáink elhanyagoltságára, — azt hiszem — eleget mondtunk friss impresszióképpen.

De ne szidjunk mindent idehaza se, mert a hazafiatlanság bélyegét sütik reánk, bár a kultura helyesen felfogott internacionális irányzatai magukban foglalják a hazafias szándékokat is. Hogyne kivánnám én is ide például csak a Louvre műkincseit? Hiszen, ha mi hátrább vagyunk kulturában műveltebb európai nemzeteknél, annak legfőbb oka nyilván az, hogy szegény ember vizzel főz. Ha aztán sóhoz jut a szegény ember, akkor elsózza a levest, ha meg ünneplőbe öltözik, akkor mindenét magára akasztja. A mi pikturánk ünneplője a *Szépművészeti Muzeum*. Vizzel főztük, mert csak a millennáris felbuzdulás volt nagy, a millennáris pénz azonban kevés volt: kicsi lett, mondják a ház, noha én beérném vele két annyi ideig, mint mások. És gyakran elsóztuk benne a levest, mert a rohamos gyarapodás szándékával drágán vettünk műtárgyakat, gyüjteményeket, „hagyatékokat", melyek jelentős részét jobb volna ki nem akasztanunk. Pedig van anyagunk, amelyet bátran mutogathatunk minden náció fiának.

A *régi mesterek* osztálya határozottan nivósabb anyagban, elrendezésben egyaránt, mint a moderneké. *Térey* szépen, harmonikusan rendezte. De még sok benne a közepes és rossz kép. Kár, hogy ugy látszik, tulbecsüljük a műtörténeti szempontokat s a műtörténet minél teljesebb illusztrálása kedvéért tömjük képtárunkat a művészet rovására.

Nem irnám alá ezt a rendszert, mert nem hiszek a publikumra való nevelő hatásában. A történelem az élet mestere, de csak a történetiróknak, mert mi, népség és katonaság, kiknek a történelmet irják, még sohasem vontunk konzekvenciákat a történelemből azért, hogy azok szerint éljünk. Szó sincs róla, szép és hires például a spanyol termünk igy is, de nem látom át, miért ne férne meg egymással egy teremben Goya és Greco mellett Rembrandt, vagy a legjobb primitiv és renaissance-olasz, vagy német és francia, kor- és nemzetiségi különbség nélkül, ha különben müremek? Én bizony csinálnék egy külön termet ebben a képtárban 20 –25 képpel: a „müremekek termét" — s azt hiszem, csudájára járna az „idegenforgalom". Van miből: vannak igazán elsőrendü mestereink!

A *modern képtárban* meg éppen alig kinálkozik más lehetőség legalább egyetlenegy zavartalan müélvezetet nyujtó terem elrendezésére, mint az, amelyet a régi képtárra nézve véltem jónak. Az egész világon igaz, baj van az élők képeivel s azok adminisztrálásával. Mert ha nem vagyunk is mindnyájan müvészek, de mindnyájan emberek vagyunk és követelődzünk. Amint ezért nehéz sor a Lippichek, Majovszkyak állása, ugy ezért nyul darázsfészekbe az is, aki modern képtárat rendez. Sóhajtozhat eleget Pókainéval: melyiket szeressem — hová akasszam? Nincs hely? Dehogy nincs. Csak nem kell tulbecsülni itt is valamit: a „közvélemény szerinti" müvészetet. Nem szeretném senkinek sem emlékeit, sem érdekeit bántani, de talán csudálkoznom csak szabad. Azért, hogy az elején kezdjem, megkérdem, minek itt például ez a tengersok Markó-kép? Hiszen mind egy kaptafára készült. Vagy talán belőle, tájképeiből, tanuljunk történelmet, mitológiát, meséket? Hiszen ezt már igazán könyvekből kellene tanulni. Sokat mondok: az ötven helyett *öt kép* teljesen megismertetné mindazt, ami az egész Markó-család pikturáját jellemzi. És hogy a végén végezzem: minek szenvedjen Munkácsy mester emléke azzal, hogy a rossz képei is ki vannak függesztve a már többször siratott második emeleten? Ugyanez áll a Mészöly, Zichy, Lotz-gyüjteményekre. Nem volna-e helyesebb egyáltalán *csak jó képeket* kifüggeszteni? Ami pénzt (sok pénzt) az állam rossz képekért — bármi okból — fizetett: mindaz áldozat gyanánt maradna elkönyvelve a jó képekért, hisz a művészet áldozatot követel. Legalább is el kell választani a jó képeket azoktól, amelyeknek csak történeti értékük van. Ugy gondolom, a legjobb 3—4 Munkácsy, egy-két Paál László, Lotz, Székely (persze freskója vagy szép portréinak valamelyike kellene), Pállik szép Mészöly-portréja, egy-egy Zichy- és Liezenmayer-rajz s élő művészeink javának egy-két jellemző, jobb képe gyönyörü és tanulságos sorozatot adna. A többi belőlük talán el is maradhatna, vagy — megrostálva — más termekbe kerülhetne. Még inkább áll ez az idegenekre, akik általában gyengén vannak képtárunkban képviselve. Ezeknél főleg az kivánkozik elengedhetlennek, hogy az egészen modernek elkülöníttessenek a félmodernektől, nemzetiségek szerint. Azon, ami rossz, ha lehetséges, tuladnék és kevesebb jót szereznék helyökbe. A rendezés munkájára pedig talán a legjobb lenne egy muzeumon kivül álló müértőt megnyerni, aki szabadabban mozoghatna, pl. Petrovics Eleket, akit jóizléséről és helyes gondolkodásáról nálunk már minden modern érzékü ember ismer.

Viszont nem szereznék több gipszmásolatot: ami van, már is több a soknál. A maradék pénzen görög szobrot, tanagrát, egy-két szép renaissance-szobrot szereznék eredetiben, — valahol csak akadna. Ha ahelyett, hogy a gipszek összeverbuválásával vesződik (s bizonyára sokat vesződik!), ezt csinálná meg a muzeum igazgatósága: az isten egész biztosan külön is megáldaná érte!

IDEHAZA.

SZEMÉLYES HALA. HAZAI KEZDÉSEK. EGY KIS VÉDELME AZ IMPRESSZIONIZMUSNAK.

Ezekkel s más ilyenfajta emlékekkel hagytam el másfél évtizedes ott tartózkodás után Párist, ahol majd minden évben kiállitó is voltam : két nagy kollektiv kiállitással is és egyesülve a többször emlitett művészcsoporttal, Duran-Ruelnél és másutt. Hadd mondjam el — talán már ismételve is —, hogy ez az idő igazán a tiszta művészi lelkesedés ideje volt és boldog vagyok, hogy azok közül a nálunk ritka emberek közül való vagyok, akik ennek a nagy korszaknak, ennek a pezsgő művészi áramlatnak, magában az ár forrásában, középpontjában, ahol annyi jó mag hintetett jóföldbe, annyi szép gondolat nyert formát irva, lejátszva, megfestve, megfaragva : annak a korszaknak én is harcosa voltam. És ha ezt meggondolom, hálálkodnom is kell — sok panasz után — egy kevéssé. Nagyon sokkal tartozom szeretett — megboldogult — *szüleimnek*, akik engem dacára a nagy bizonytalanságnak, nagy távolságnak, a nagy nyomornak és azoknak a kevéssé biztató körülményeknek, melyek közt küzdöttem — soha nem gátoltak abban, hogy az uton, amelyen megindultam, megmaradjak.

Intelmeikkel művészi, ideális, a mindenkori mára nézve éppenséggel nem hasznositható törekvéseimben, amelyek pedig nekik nagy keserüségeket okoztak, soha nem zavartak, soha lebeszélni nem igyekeztek, inkább „jobban élni" soha sem buzditottak. Ha éhesnek látszottam leveleimből, akkor ők, jó szüleim, a szegény, adósságokkal küzdő, kisvárosi tanitó és felesége, aggódó anyám, *Ödön* öcsémmel vetekedve, küldték utánam karácsonykor, husvétkor, névnapra, születésnapra a „hazait". (Ez az Ödön, a vasuti főnök, bizony nálamnál jobban tudná életem történetét elbeszélni: kezdet óta gyüjt mindenféle nyomtatványt és egyéb emléket, melyek művészi törekvéseimről a nyilvánosság előtt megjelentek; neki irtam meg leveleimben a művészetre és életviszonyaimra vonatkozó mindenféle dolgokat.) Kis dolgokon mulnak sokszor az élet nagy kérdései: a rámgondolásoknak ezek a bizonyitékai mindig ujabb és ujabb erőt adtak, mert anyai, testvéri szeretetből eredvén, volt erejük serkenteni a küzdelemre, előre törtetésre: árkon, berken keresztül, toronyiránt. Knowles barátom is folyton mellettem volt: biztatóan hatott. A leveleiben is gyakran ismételte: kitartás, kitartás — az igazság végre is napfényre kerül! Kitartottam.

S a kitartás későn ugyan, de mégis csak kezdte legyőzni az ellentállást. Már szóltam a nem várt érdeklődésről, mely 1905-iki kiállitásomat fogadta. Tapasztaltam, hogy többrendbeli kollektiv kiállitásom bátoritólag hatott a fiatalabb, tehetséges művészgenerációra is. Észre kellett vennem — hiszen iskolaszámra jöttek néha kiállitásomra a fiatalok — nemcsak érdeklődésüket, hanem az akadémiai békókból való szabadulási vágyukat is. Nem tudom, mennyiben volt hasznos (vagy káros?) kitartó küzködésem és megjelenésem az ifjabb nemzedékre nézve, de hogy impulzust adtam az egyénibb módon való megjelenés bátorságára: azt talán senki sem tagadhatja.

Egy azonban bizonyos: az, hogy van már művészgárdánk, amely át van hatva azoktól a művészi törekvésektől, melyeket én folyton hirdetek és mindazokkal az uj leszürődésekkel, amelyek feltétlenül nyomot fognak hagyni a mi művészetünk történeti fejlődésében. Bizom ebben a társaságban, amely nagyobb részében a *„Miénk"-társaságból vált ki*, vagy annak intencióival szimpatizáló fiatal művészekből áll. Bizom bátorságukban, fiatalságukban. Örülök, hogy velük együtt gondolkodó, együtt működő lelkekre találtak iróink között, akiknek főtörekvése — művészetről

irván — szintén abban csucsosodik ki, hogy ostorozzon, vagy agyonhallgasson minden művészietlen dolgot és magasztaljon mindent, ami mellékérdekek nélkül, bátran és önfeláldozással az uj művészetet szolgálja. *Heten vannak.* Művészi törekvéseik kompletirozására mindenesetre joguk van. Szeretik egymást még a hibáikban is. Azt hiszem, nem félnek a gáncsoktól sem, mert tudják, hogy a gáncsvetők hamarosan be szokták adni a derekukat. Még az impresszionizmus elitélésében is megegyeznek. Elitélik bizonyos értelemben, pedig nemcsak, hogy belöle indultak ki, hanem legnagyobb részük egyelőre belöle is él; impressziókat festenek, noha — hovatovább — stilizálnak. Ez alkalmat ad itt még egy kis kiruccanásra — abban az irányban, hogy az impresszionizmust, mint művészetet ezen a világon senkinek sem szabadna elitélnie! Ellenben magam is azt mondom, hogy nagyon el kell itélni minden ostoba „izmus" elnevezést, aminek a művészethez semmi köze, mert csak egy dolog van a művészetben: *egymaga a művészet!* Nem kell ahhoz semmi izmus. Az impresszionizmus cégére alatt sok igen szép, egészen komplét festmény is készült és igy semmivel sem kisebbek ezeknek a készitői a régieknél, akik szintén komplet műveket hagytak vissza nekünk.

Az impresszionizmus az, melyet Franciaországban ily cimen Claude *Monet* és *Pissarro,* Angliában pedig már jóval azelőtt *Turner* és *Constable* kezdtek, akiket a két előbbi Angliában nagyon megfigyelt és akiket indirekte már *Sysley, Jongkind, Renoir* is követett. Ez az impresszionizmus nem csak egyszerü kontinuációt jelent a festőművészetben, *hanem uj jelenséget is, az egyénies megfigyelést és az egyénileg felfogott dolgok egyénies interpretálását is.* Soha sem figyelték meg azelőtt a dolgoknak egymásra való hatását ugy, mint ezek a művészek tették. A napvilág hatását, a levegő vibrálását, annak különböző év- és napszakokban való változásait, szinét, ugyanazon szinekre való más-más hatását, senki soha ugy meg nem nézte és nem is látta, addig senki soha *ugy megfesteni* nem merte, nem is akarhatta, mint ők. Hiszen azelőtt maga a nap is magában a festők műtermében kelt fel és nyugodott is le: a festők, a barbizoniakat kivéve, nem mentek ki a szabadba a napsugárért; a napvilágról, mint olyanról, egyszerüen nem vettek tudomást, csak amennyiben beszürődött az a mühely ablakain. Ők tudomást vettek róla — de *meg is szenvedtek ám ezért a bátorságukért* évtizedeken keresztül! Még azoktól is szenvedtek, akik náluknál raffináltabbak lévén, az ő megfigyelésüket, uj tudásukat jól kihasználták a maguk művészi helyzetének emelésére. Mielőtt a mártiriumos kezdők igazán, teljes erejükben kiléphettek volna a világ elé, addig már mások, a Marsmezei Szalón főbb kolomposai, javában lakmároztak abból a fáradságosan összebuvárkodott művészi felfogásból és festésmódból, melyet ezek a nagy, de sokáig elnyomott művészek véres verejtékü, lemondásteli törekvéseikkel kihámoztak a természetből és ezzel ujra magas nivóra emelték a *barbizoniak*-tól már elfordult, már elposványosodott művészetet. Igaz, arra az álláspontra is lehet helyezkedni, hogy ahhoz, hogy nagy művészetet csináljunk, kellett-e mindez a sok szép gyönyört okozó törekvés és nagy eredmény? Lehet, hogy lesznek, akik azt mondják, hogy a görögök enélkül is nagy művészek voltak. Igazuk van. De azért akárki tagadja is — mégis csak más *ez* az eredmény, mint a Delaroche—Piloty-féle iskola törekvéseinek eredményei.

Nem lehet hát csak ugy könnyü szerrel keresztül gázolni rajta. Nagy szolgálatot tettek az impresszionisták — ugy a régibbek, mint a neoimpresszionisták kalapja alá foglaltak — azoknak is, kik csak ugy foghegyről beszélnek most az ő művészetükről. Ebből fakadt minden szép és jó, igaz, sok rossz is — különösen az iparművészet terén az a sok szecessziósnak nevezett izléstelen dolog, mely a bécsi műhelyeken és kiállitásokon szürődött keresztül, mielőtt hozzánk került. (Semmi sem volt már ez utóbbiban mindabból, amit néhányan a párisi két Szalón kettészakadása idején, az akkor uj reformeszmékkel teli Marsmezei Szalónban, az objets d'art keretében csináltunk és éveken át a legnagyobb ambicióval előre is vittünk.) Az ilyesmit, valamint az egyes kinövéseket, fattyuhajtásokat, szó sincs róla, mi is rosszaljuk, de azért nem szabad az egész impresszionizmus fejére huzni a vizes lepedőt. Ha ezt tennők, akkor — hogy csak néhány példára utaljak — meg kellene sértenünk a *japánokat*, akik révén eljutottunk a kinaiakhoz és perzsákhoz, akiket igazán kell szeretni minden jóizlésü embernek, kik az ujabb iparmüvészetre akaratlanul is hatással voltak; el kellene itélnünk, Morris-szal együtt, az *angol* müipart, Ruskint, mely szintén segitségére volt a franciák kezeügyébe vett objets d'art-nak; a *Bing* kreálta L'art Nouveau-t, melyből annyi műbecsü, szép dolog került ki; vagy például azokat az orosz művészeket, *Korovint, Golovint,* kik szinházak diszitésében foglalkoznak ujszerü, izléses művészettel. De el kellene itélni *épitőművészetünket* is, amely pedig nem egy elsőrangu, eseményszámba menő uj alkotást teremtett azóta, hogy az ipar-, képző- és épitőművészek — mint az a renaissance idején történt — egymást nélkülözni nem tudják és sok küzdelemmel bár, de tiszta művészi meggyőződéssel, egymással ismét karöltve járnak s együttesen komplet müveket alkotnak. Nem léteznénk *mi* sem, kik stilizáló művészetet csinálunk és várjuk a nagy modern falakat, hogy befesthessük. Sok mindent kellene tehát az impresszionistákkal együtt elitélnünk: annyi mindenféle műélvezet közvetlen és közvetett forrását. Az ő művészetükre vezet vissza, régi mestereken, perzsákon, egyéni buvárkodáson keresztül *Gauguin*-é is, *Van Gogh*-é is. Innen lyukadt ki az Independents egész nagy társasága és *Matisse* és *Picasso* is az ő hátukon indultak el. Ennek az utóbbinak művészetére határozottan rásüthető ugyan a kongói művészet befolyása is, de hogy ezt megértse s magán átszürhesse, szüksége volt neki is e kor művészi törekvéseinek ismeretére, amely pedig ismét csak az impresszionizmus révébe fut vissza, oda, ahol *Cézanne* is sokáig révedezett. Ám ne tessék valakinek az itt emlitett egyesek művészete, tekintse bár azt fattyuhajtásoknak: annál inkább igazolva kell hogy lássa magát a törzset, az impresszionizmust.

Igaz, mint a renaissance vagy bármely más kiformáló-dott későbbi kor művészete nem bir, ugy a mai kor művészete sem bir oly sulylyal, mint a mindenkorok művészetének őse, a legrégibb művészet. A legrégibb művészek sokkal inkább megfeleltek a nagy művészet fogalmának. Nagy volt minden : gondolatok, emberek és alkotmányok, nagyobb szabásban, méretben kellett tehát nekik is magukat kifejezniök. Igy álmodták a bábeli tornyot, igy csinálták az egyiptomi gulákat és sphynxeket. Ez csak egyszerü, természetes és logikus kölcsönhatás, semmi egyéb: a korszellem neveli a müvészt, a müvész a kor szellemében dolgozik. És ha élvezik az emberek a renaissance-t, mely az antikon rágta magát keresztül: miért hányják szemére az impresszionistának, hogy szintén régiekből, csakhogy más régiekből tanult, hogy a természetet is megfigyelte, mint a régiek, csakhogy intenzivebben figyelte meg, hogy magából is ad művébe, csakhogy többet ad, mint a régiek adtak. Hisz mindezek a régiektől való különbözőségek csak művészibbé tehetik a müvet a mai kor embere számára. Nincs tehát semmi jogos alap arra, hogy az impresszionizmust a renaissance vagy más kiformálódott izlésü kor művészetének javára degradáljuk.

Mindenesetre szép az a gondolat, melyet már sokszor hallottam, hogy az uj művészetnek nálunk is meg kell mutatnia „nagy arányokra" való készültségét és hivatottságát, körülbelül ugyanazt, amit szerintem a franciáknál Puvis de Chavannes már dicsőségesen igazolt. Ennek azonban nem a festészetből és szobrászatból, hanem a térfoglalás művészetéből, az épitészetből kell kiindulnia. Elő velök hát, a nagy kövekkel, elő a nagy falterületekkel, elő a mai forum Romanum tervezésével s a modern pompeji épités gondolatával: majd előjönnek velök a hozzájok illő murális festés és a monumentális szobrászat uj emberei. Amig oly apró kis fülkékkel lesz tele egy templom, mint ahogy azt most épitik, addig hogyan lehessen annak falaira Puvis- vagy Marées-féle vagy ujabb izlésü panneaukat, freskókat csinálni. Hová? Minek? Kinek?

Hol vannak azok a nagy uralkodók, azok a nagy papok, nagy urak, mágnások? Amig nálunk bemalterozzák a paloták falait, addig ne álmodozzunk olyan megbizásokról, melyek a nagy dekorativ festészetet igénylik.

❖

A „Müvészház" kis impresszionista kiállitása is, ugy-e milyen szép volt? Hajlandó volnék azt mondani, hogy a legszebb, melyet valaha nálunk rendeztek. És ugy-e nagyrészt azok a müvészek voltak benne képviselve, kiket e jegyzeteimben emlegettem? S noha természetesen a müvészek nem mind a legjobb müveikkel voltak itt csoportositva: mégis müvészi szenzációszámba ment ez a kiállitás. Mert az uj müvészet leszürődéseit a jellemző müvek egész sorában tartalmazta s minthogy valamennyi a mi amatőreink tulajdonából került elő, igazolta azt is, hogy ezek a jóizlésben kompetens uriemberek e mütárgyakat megszerették.

Hazai kiállitás rendezéséről lévén szó, nem szeretném innen kifelejteni Ernszt Lajos és Rózsa Miklós nevét sem, akik folytatták Hock János · kezdését, hasonló szellemü kiállitásokban igyekezvén bemutatni itthon is — Delacroix-tól, Daumier-tól, Courbet-tól, Paál Lászlótól, Cézanne-ig, Gauguin-ig, Van Gogh-ig — azt az iskolát, mely régi alapokon indulva, egyéni abszorbeálások utján a természet szeretete és intenziv megismerése révén lett azzá, ami. Ami természetesen nagy kölcsönhatással volt, ismétlem, minden egyébre, amit müvészetnek nevezünk, épitésre, szobrászatra, irásmüvészetre, zenére, közvetlen hatásában pedig a legszebb privát modern galériákat váltotta ki magából, nevelt lelkes mübarátokat és kritikusokat; hatással volt a mai felvilágosodott korszak egész szellemi életére annak minden vonalán; a szociális gondolkodókkal is találkozott az egyéniség kidomboritására való törekvésben. És végül a nálunk érthető okokból óvatos müvészeti politika centrumában, minisztériumban, muzeumban is megértésre s néhány méltányló hivőre találva: nálunk is bekerült a *muzeumba.* De nem a mumiák közé: nem mint végérvényesen elraktározott változhatatlan végeredmény! Mert hiszek benne, hogy *fejlődésképes* idehaza is, mint volt eredeti forrásában. Hiszen annak az alapján, amit eddig mutatott fel modern festészetünk — csak a berlini kiállitás meglepő fogadtatására gondoljunk —, meg kell állapitanunk, hogy ez a magas szinvonalon álló müvészet már is fronton áll a nemzetközi versenyben: csak a francia áll vele egy sorban s talán a belgáknál és oroszoknál történik még valami, de a németek már messze mögötte maradtak.

Már az amatőrvilág köreinek tágulása is e mellett bizonyit: azoké az amatőröké, kik modern dolgokat müvészi szempontból gyüjtenek. Moszkvában, Párisban s talán a németeknél is az egyáltalán gyüjtők számra itt-ott többen vannak, de az igazán modern izlésü müvészetnek nálunk vannak igazán megértő és mindig lelkes amatőrjei: Andrássy Gyula gróf, Kohner Adolf, Nemes Marcell, Majovszky Pál, Jánossy Béla, Hatvany Ferenc báró, Bakonyi Károly, Petrovics Elek, Engelmann ügyvéd stb. És vannak mások is, kik mostanában fejlődnek elsőrangu mübarátokká: még jobban szeretik ugyan a multak művészetét, de kezdenek ébredezni és kezdik átlátni, hogy *senki a sajдt korát joggal meg nem tagadhatja.*

Épitészetünk, szobrászatunk is igazolja különben a festészeti impresszionizmust és annak hajtásait, pedig hát ezek, különösen az első piktura ecsetjéhez, vászondarabjához képest ugyancsak sulyosabb masszákkal dolgoznak. Ha másban nem, a régibb formák sutbadobásának megkezdésében, az uj formák izléses egyszerüségének most már gyakoribb keresésében igazolják ugy általában, mint külön idehaza is. Friss, uj erők müködnek épitészetünkben, mely az utóbbi években erős lendületet nyert. S ha csak éppen rámutatok is erre a fejlődésre, *Feszl* és *Lechner* Ödön neve emlitetlenül nem maradhat, de egy egész sor tehetséges fiatal épitőművész dolgozik sikerrel az uj stilus fejlesztésén. Csak fejlődnék már velük az épittetők izlése is! — Szobrászainkat, sajnos, az örökös nagy pályázatokban való résztvétel el-eltériti az igazi művészi munkától, a maguk közvetlen érzéseinek megmintázásától. De remélhetőleg most már hamarosan tele lesz Budapest és az ország nagyjaink emlékszobraival s aztán szobrászaink is nyugodtabban alkothatnak egyéniségüknek megfelelőbb s igazi érzésükből fakadó művészetet. Kisebb dolgaikban igy is akárhányszor igazán művészi intenciókra bukkantunk, mint például a Vedres Márk kis bronzaiban, aki távol él a mi mozgalmainktól és pályázatainktól s szabadon követi művészi érzésének sugallatát.

Lightning Source UK Ltd.
Milton Keynes UK
UKHW022057160223
417160UK00003B/252